Start Your Business
and Reach Success

超・個人事業主《ちょう・こじんじぎょうぬし》

藤《ふじ》井《い》孝《こう》一《いち》
Fujii Koichi

なぜ、あの人は会社を辞めても
食べていけるのか？

CROSSMEDIA PUBLISHING

はじめに

超《ちょう》・個人事業主《こじんじぎょうぬし》！

タイトルを見て、驚かれたことと思います。

「そんな言葉、聞いたことがない」と思われたはずです。

当然です。私がつくった言葉だからです。旧《ふる》い「個人事業主」のイメージを超越して大活躍する人たちをこう呼ぶことにしたのです。

「個人事業主」という言葉は聞いたことがあるはずです。法人化せずにビジネスをする人のことです。そして、イメージするのは、小さなビジネスだと思います。ライター、デザイナー、プログラマー、あるいは資格を使った士業の人など、いわゆる自宅で、身一つで仕事を受託している人たちです。むしろ「フリーランス」と呼ばれている人たちです。

彼らを、単に「法人未満の人」と思っている人もいるようです。だから「起業家になりたい」という人はいても「個人事業主になりたい」という人はなかなかいないのです。でも、それはとんでもない誤解です。特に、最近は様子が違います。こうした「個人事業主」のイメージを覆す人が増えているのです。

私は、仕事がら個人事業主に連日お会いしています。その活動の中で変化を感じています。「一人で、自宅で」は同じでも、とてつもなく稼ぐ人がこのところ増えているのです。

たとえば、ある人は、ネットマーケティングのコンサルタントをして、月に100万円以上稼いでいます。クラウドワークスやランサーズなどのサイトに登録して、中小企業などから依頼を受け、戦略を立てたり、企画や運営をしたり、広告出稿や運営の代行までしています。しかも、彼は今も大手企業に勤めています。最近メディアを賑わしているYouTuberやオンラインサロンのオーナーたちの中にも「超・個人事業主」と呼んでいい人が少なくありません。

彼らは、よく「起業家」と呼ばれます。でも「起業家」でイメージするのは、事業を立ち上げて、社員を雇い、事務所を構えて株式公開を目指す人たちです。そんな中、自分の知識やスキル、経験を武器に、社会に貢献し、起業家を超える活躍をし、稼ぎも得る人が増えているのです。だから私は、旧い「個人事業主」のイメージを超越し、起業家さえ凌駕する「個人事業主」たちを、敬意を込めて「超・個人事業主」と呼びたいのです。

もちろん、彼らの中にも、信用や節税を目的に法人化している人はいます。ただ、そこまでこだわるとあまりに細かくてわけがわからなくなるので、あえて気にしないことにします。あくまでも、新しいライフスタイルを体現する人を表現する言葉としてご理解ください。

また、文中ではそういう人をあえて「超・個人事業主」と呼ばず、「稼ぐ人」や「起業家」と表現しています。それは、いちいち「超・個人事業主」と言われると、耳慣れない言葉だけに読みにくく、かえって頭に入りづらいと思ったからです。文中の「稼ぐ人」や「起業家」は、いずれも「超・個人事業主」としてお読みください。

先行きが不透明な世の中です。「組織には頼れない」と思っている人も少なくありません。そして実際、組織に属さず生きている人はたくさんいます。それでも大企業の役員クラスの年収を超える所得を得ている人もいます。

しかも、今は会社を辞める必要さえありません。「働き方改革」の名のもと、国が先頭に立って後押ししたからです。発注する側も個人だろうが、副業だろうが気にしなくなっています。さらに、コロナ禍でリモート化が進み、時間が増えてビジネスがやりやすくなっています。こうした恩恵を追い風に、彼らはますます勢いを増しています。これが「超・個人事業主」が活躍する背景です。もしかしたら、あなたの職場にも、いるかもしれません。

彼らを見て「羨ましい」とか「やってみたい」とか思うかもしれません。でも、いざ挑戦しようと思っても、戸惑うことが多いようです。

何を隠そう、私もそうでした。20年以上前、私もサラリーマンとして、金融系の会社で営業マンをしていました。正社員でしたので雇用は保証され、生活は安定していました。でも、どんなに頑張っても年収は６００万円に届きませんでした。

ところが、一人でもっと稼いでいる人はたくさんいました。たとえば、営業のコンサルタントや企業の研修をしていた知人は、私の年収の10倍以上稼いでいました。しかも、彼は私よりずっと自由で、顧客からも尊敬され、イキイキしていました。

私も彼らのようになりたいと思いました。でも、その方法がイメージできませんでした。「いったい自分は彼らと何が違うのだろう?」真剣に悩みました。運? 才能? 要領? わからないままさまよいました。起業の本を読んだり、スクールに通ったり、資格を取ったりしました。何より、独立して活躍する憧れの先輩たちに、できるだけたくさん会い、積極的に話を聞きました。

さまようちに、わかったことがあります。それは、彼らと自分とでは、一言で言えば「考え方」が違うということです。たとえば、お金を使うとき、私たちはすぐに対価を求めるところ、彼らはずっと先にずっと大きなものを回収しようとしていることに気づきました。つまり、彼らは支出を「消費」でなく「投資」と捉えていたのです。

こうした小さな気づきを集めて記録していきました。いつしかそれを「稼ぐ力」と呼ぶようになりました。そして「稼ぐ力」を徹底的に磨くことを意識するようになりました。「意識が変われば行動が変わる、行動が変われば結果が変わる」といいます。私も意識が変わったことで変わりました。そして2年くらいで稼げるようになり、会社を辞めることができました。

その後もたくさんの起業家に会い、その過程でさらに気づきを積み上げていきました。やがておぼろげだった「稼ぐ力」も輪郭がはっきりしてきました。それを起業希望者にも伝えるようにしたところ成果を上げる人も現れるようになりました。

こうした活動を続けて20年以上経ちました。その間、リーマンショックに東日本大震災、そして今回のコロナ禍と色々ありました。どれも想定外の危機でした。一つ間違えば、破綻してもおかしくなかったと思います。それでも、私は危機を乗り越え、今も活動できています。かつて身につけた「稼ぐ力」のおかげだと思います。

そこでこの度、２００７年に刊行された『なぜあの人は会社を辞めても食べていけるのか？』を加筆・修正して世に出すこととなりました。本書は、私が綴ってきた「稼ぐ力」の記録です。時代の転換期にあって、先行きが見通せない一方、「超・個人事業主」のような人たちが活躍する今、明暗を分けるのは正にこの「稼ぐ力」の有無だと思います。

「自分も超・個人事業主のように活躍したい」と考える人が、組織に頼らず稼ぎ、活躍し、生き抜くために必要な「稼ぐ力」を見つけるヒントは詰まっています。

もちろん「会社を辞める」人だけが対象ではありません。企業人であり続けることを決意したあなたにも「稼ぐ力」は絶対必要だからです。「稼ぐ力」の持ち主なら、社内で重用されますので、かえって会社にとってかけがえのない人材になれるはずです。転職時も有利ですし、リストラのリスクヘッジにもなるはずです。

そんな一生モノの「稼ぐ力」を、本書でぜひ見つけていただきたいと思います。

超・個人事業主　目次

第1章 自力で稼ぐために——稼ぎ力

第2章 人間力を育む——人間力

第3章 お金力を鍛え直せ——お金力

第4章　最強・最重要の経営資源は時間 ——時間力

第5章　始める力・続ける力
――継続力

［巻末コラム］
個人事業主の実務マニュアル

第1章

自力で稼ぐために——稼ぎ力

会社に雇われずに仕事をしている人の中には、
会社勤めの人の何倍も稼いでいる人がいます。
いったいどうやって?
この章では自力で稼ぐ力を養うために必要な
ものの考え方や行動の仕方をお話しします。

1項 なぜ、あの人は会社を辞めても食べていけるのか？

「なぜ、あの人は会社を辞めても食べていけるのか？」
そんな疑問を抱いたことはありませんか？

私も自力で稼ぐようになるまでは、自分が給料をもらわずに食べていけるなんて、とても想像できませんでした。会社に雇われずに生活している人を見て「いったいどうやって？」と、いつも思っていました。そして、「どうせ親の家業でも引き継いだのだろう」とか「何か悪いことでもして元手を貯めたのだろう」とか「たまたま運が良かったのだろう」とか「特殊な才能があったのだろう」などと勝手に解釈していました。

そう考えることで、自力で稼げない自分を正当化していたのかもしれません。しかし、現実には会社に勤めずに生活している人はたくさんいます。中には、会社勤めの人の何倍も稼いでいる人も相当数います。

「いったいどうやって？」

本書は、そんな疑問に答えるために書きました。

自力で稼ぐ力を養うために必要なモノの考え方や行動をお伝えしようと思います。

もし、突然今の会社を去らざるを得ないことになったらどうしますか？　焦らずにいられないはずです。終身雇用、年功序列が保証された時代ならいざしれず、リストラされるかもしれない、会社がなくなるかもしれない時代です。そんなことは、自分の身には起きないとは言い切れません。

そうでなくても給料は頭打ち、年金や退職金も危うい、それでも人生は100年続く……そんな時代ですから「今の仕事をしていて大丈夫か」と不安を覚える人がいるかもしれません。

私にも似たような経験があります。新卒で入社した大企業で12年間正社員として働きました。しかし、入社してからしばらくは、ひたすらハッピを着て、スーパーやデパートの店頭、駅や空港などの人通りの多いところで会社のチラシを配っていました。そのときはさすがに「こんなことをやっていて大丈夫か」と焦りました。

仮にこのようなキャリアしか持たない人間が転職を希望したとしても、どこの会社も採用しないでしょう。私自身が採用担当者だったとしてもお断りです。

これに対して、スキルアップに熱中して自分の将来に備えようとするビジネスパーソンが少なくありません。英会話やＩＴ系のスキルの習得、ファイナンシャルプランナーなどの士業の資格取得などです。

しかし、こうしたスキルを身につけさえすれば、路頭に迷わなくて済むかというと、そんなことはありません。

スキルは実務経験が伴って初めて役に立ちます。

いくら英語が上手でも、金融知識がなければ外資系証券会社には入れません。勉強してファイナンシャルプランナーの資格を取得したとしても、ファイナンシャルプランナーの仕事ができないなら、宝の持ち腐れです。どれほど勉強しても「不安が一向に解消しない」状態は変わらないのです。

私自身がそうでした。私はバブル入社組で、バブルが弾けたときに将来が不安で、英語、パソコン、会計知識など、ありとあらゆるスキルアップに手を出しました。中小企業診断士の資格まで取得しました。

しかし、これらを手に入れても、将来に対する不安は払拭できませんでした。会社では、このようなスキルを活かす機会などまるでありませんでした。「上司に言われたことを実行するだけの兵隊に、専門知識など邪魔」とばかりに活かすチャンスはまったく訪れませんでした。

実務の伴わないスキルなど何の価値もありません。せっかく身につけたスキルが、みるみるさびついていくのを感じました。

さらに、身に染みて感じたのが「資格を取得しても、自力で食べていく力がついたわけではない」ということでした。

一生懸命勉強して、資格を取得したときは、お金を生み出す「打ち出の小槌」を手に入れたつもりでした。でも、実際に手にしたのは、人事部や面接官に自分の背を少しだけ高く見せるためのシークレットシューズ程度のものだったのです。

このことに気づいてから、私は大きく軌道を修正しました。

雇われずに食べていく方法を追求することを決意したのです。

まず、会社に勤めたまま先輩コンサルタントに弟子入りをし、夜間や週末を使って修業しました。ここで「雇われずに食べていく」とはどういうことなのかを学びました。そして自分でも仕事を開拓し始めました。

こうして仕事が軌道に乗るようになり、副収入が本業と同程度になりました。これが転機となりました。こうなればいつでも会社を辞められます。

結果、上司や同僚に対しても顔色をうかがうことがなくなり、自信を持って接することができるようになりました。何より、左遷など会社の理不尽な処遇やリストラ勧告に怯えることがなくなりました。さらにその結果、皮肉なことに会社からの評価も上がり始めたのです。

会社に依存し、会社に生殺与奪の権利を握られている「ぶら下がリーマン」だった自分が、自力で食べていく力を身につけたことで、会社と対等の自立した人間に生まれ変わることができました。

アフターコロナで日本経済は好景気を迎えるかもしれません。しかし、会社に勤めている人で、そのことを実感できる人は多くないと思います。

理由は、企業が儲けを社員に還元しないからです。

倒産やリストラの恐怖は相変わらずですし、仮に会社に勤め続けることができても、増税や社会保険料のアップなどで締めつけは厳しくなると思います。中流と呼ばれてきたサラリーマンは、一気に下流に転落する恐れがあります。

このような厳しい時代に生き残るには、確実に「稼ぐ力」を身につけることです。スキルアップのような甘っちょろいやり方では気休めにもなりません。

いざとなれば、会社と一戦交えるぐらいの覚悟が必要です。大国に生殺与奪を握られている状況を打破しようと小国が武装するように、サラリーマンも自分の身を守るための武器が必要です。それが「稼ぐ力」です。

稼ぐ人は、「稼ぐ力」を持っている

2項　稼ぐ力とは？

本書のテーマは、会社を辞めても「なぜ、食べていけるのか？」を考えることです。すでに独立している人にとっては当たり前のことですが、今現在会社に勤めていて、「給与だけが収入源」という人にとっては、どうすればいいのか予想もできないことかもしれません。給与と同額、いや、税金や社会保険、各種手当てを加えれば、給与額をはるかに超える収入を、給与以外の方法で毎月稼ぎ出すことなど想像もできないというのが、会社勤めの方の率直な疑問だと思います。

この疑問を言い換えれば「なぜ、自力で稼ぎを生み出せるのか？」ということです。会社を辞めてしまえば給与はもらえません。自分の給与は、自分で稼がなくてはならないのです。

では、自力で稼げている人は、

「素晴らしい商材に出会えたのでしょうか？」

「強力な支援が受けられたのでしょうか？」

「よほど、貯金があったのでしょうか?」

どれも答えになりません。

なぜなら、食べていくとは食べ続けることであり、稼ぎ〝続ける〟必要があるからです。運や出会い、準備だけでは、何年も稼ぎ続けることはできません。

続けるために必要になるのは「力」です。力が備わっているからこそ、稼ぎ続けることができるのです。それは、少々逆風にあったぐらいで揺らいでしまうようなものでは不十分で、強靭なものでなくてはなりません。

力というと、学力や体力が連想されます。同じように、稼ぐことにも力が必要なのです。この力が身について初めて、給与に頼らなくても食い扶持を稼ぎ続けることができるのです。

では「稼ぐ力」とは、具体的にどんな力を指すのでしょうか?

「稼ぐ」を別の言い方で表現すれば「お客様に価値を提供して対価を得ること」です。

つまり稼ぐ力とは「売る物をつくり出し、売る相手を見つけ、売り方を組み立てて売ることで対価を得る」力です。

この力を身につければ、自力で継続的に稼ぎを生み続けることができるのです。

では、この力、ある人にだけ備わった特殊能力なのでしょうか?

それは違います。誰にでも身につけることができるごく当たり前の能力です。世の中のほとんどの人が、自力で稼いでいることを見ればわかります。

サラリーマン社会に身を置いているとわかりにくいかもしれませんが、世の中のほとんどの人が自力で稼いでいるのです。駅前のラーメン屋も、会社のそばの居酒屋も、店主はみんな自力で稼いでいます。一般にサラリーマンの多くは厳しい就職活動を勝ち残った経験の持ち主で、学校でも優等生とされてきたはずです。そんな方に自力で稼ぐことができないはずはありません。

できそうな気がしないのは教わったことがないからです。

この稼ぐ力は、生来備わっているものというよりは、後から修得するものです。ただ、勉強やスポーツと違って、学校では教えてもらえません。だから、できそうな気がしないのは当たり前なのです。

そして、この力は、一朝一夕に身につくものではありません。実践の中で、試行錯誤を繰り返しながら身につけるものです。学力も体力も理論だけでは身につかないように、稼ぐ力も、本を読んだり、人から話を聞いただけでは、身につけるのに限界があるのです。

また、この力、会社の中で求められる力とはいささか違う性質でもあります。会社で求められるのは、既存の組織の中で発揮される力です。しかし、自力で稼ぐためには、組織そのものを自分でつくり出さなくてはなりません。ただ、会社の仕事も、会社の外で稼ぐことも、同じ仕事である以上、まったく違う力というわけでもありません。

会社に勤めながらでも、意識して鍛えれば、十分修得できるものです。

同じ理由で、稼ぐ力は会社の中で活躍する上でも活かせます。自分の食い扶持はもちろん、自分以外の社員の食い扶持まで稼げる社員は、経営者にとっては金の草鞋を履いてでも探したい人材です。つまり、稼ぐ力を身につければ、出世することなどたやすいことなのです。会社をいつクビになっても怖くありませんので、これが自信に繋がり、さらに職場での評価を高めるはずです。

具体的な修得方法は、この後ゆっくりご説明します。まずはビジネスパーソンにこれから重要になる力が「稼ぐ力」であり、それが修得可能な力であることを、知っておいてください。

稼ぐ人は、稼ぎ続ける力を持っている

3項　稼ぐために必要なこと

「稼ぐ力」とは、「売る物をつくり出し、売る相手を見つけ、売り方を組み立てて売ることで対価を得る」力のことです。そのためには、具体的にはどんな力が必要でしょうか？

たとえば、「構想力」「構築力」「行動力」などが重要です。

「構想力」とは、イメージする力です。

たとえば、家を建てる場合で考えると「自分の家はどんなものか」完成図をイメージする力のことです。「ハリウッド映画に出てくるようなカントリー調の家で、郵便受けも映画に出てくるような郵便受け。室内の壁紙は水色に白の水玉模様、柱の色は薄茶色でまとめられていて、水道の蛇口もカントリー調で可愛くまとめられている……」ということを考えられる力です。さらに、完成図にまで落とし込み、知らない相手にも説明でき、相手にも同じイメージを持たせることができればもっといいでしょう。

次に、「構築力」とは、完成図をもとにヒト（職人）・モノ（建材）・カネ（住宅費用）を集め、実際に建てていく力のことを指します。

「まず資金の調達。自分と妻の信用で借りられる金額は2000万円が限度。この範囲で家を建てるしかない。土地は千葉あたりの安いところを探し、職人の手を借りずに家をつくることができるキットを購入し、壁紙の張り替え、柱の色塗りなどを自分で働いて節約する。水周りやサッシ部分は自分でできないので、完成図をもとに地元の職人と交渉。快く受けてもらって完成」というように、完成図から逆算してプロセスを考え、実際につくり上げる段取りを整える力のことを言います。

この構想力と構築力に加えて、実際に「行動する力」がなければ、自分のアイデアをビジネスに仕立て上げることはできません。

特に、自力で稼ぐ際には、会社勤めと違って、誰からも催促されません。つい先延ばしにしがちです。これを、あえて始めるためには、自分のやる気を引き出す必要があります。

そして、「続ける力」も必要です。

せっかく始めたことも、効果が出る前にやめてしまっては稼ぎになりません。一度始めたら簡単に投げ出さず、最後までやり遂げ、稼ぎをつかみ取るまで決してやめない力、これも稼ぐ上で不可欠です。

この「行動する（始める）力」と「続ける力」のどちらかが欠けても、ビジネスは成功しません。

会社には上司がいますし、目標やノルマがあります。上司に言われれば始めざるを得ませんし、途中で投げ出すことも許されません。

しかし、自分のビジネスでは、周囲に言われなくても自発的に始め、続けなければなりません。自分で始め、続ける力が備わってこそ、会社以外の場所でも食べていくことができるのです。

もしかしたら、会社にいながらこのような力を育てていくのは難しいとお考えかもしれません。理由は、会社の仕事は与えられた仕事だから、構想力や構築力を発揮する機会がないからです。

しかし、会社にいながらでも構想力を鍛える場面はいくらでもあります。

たとえば、営業のアポイントを取ること一つとっても、アポイントが取れた状態から逆算して、そのプロセスの一部始終を脳内でシミュレーションした上で始めるなど、やり方はいろいろとあります。できる範囲で、日頃から構想力や構築力を鍛えておくことです。これがいざというとき、自力で稼ぐ原動力になります。

普段の仕事の中で、自分の内なる「稼ぐ力」をどうすれば鍛えることができるかいつも意識しているかどうかが、重要なポイントになるのです。

稼ぐ人は、自分で始め、続ける力を持っている

4項　稼ぎ続ける力とは？

ここまで繰り返しお伝えしてきたことは「稼ぐ」だけでは不十分で「稼ぎ続ける」ことが大事だということです。稼ぎ続けられる人こそ「超・個人事業主」であり「超」の「超」たるゆえんと言えるかもしれません。

理由は明らかです。人間は、生きていく限り、お金が必要だからです。まして「人生100年時代」です。残りの人生、これから数十年単位で稼ぎを生み続けなければならないのです。

一時的に稼ぐだけなら、運がよければ可能です。たとえば、買った土地や株が値上がるとか、本がベストセラーになるとか、自分の解説したYouTubeチャンネルが芸能人に取り上げられてバズったとかです。テレビに取り上げられて行列ができたラーメン屋も同じです。

でも、それを何十年も続けることは容易ではありません。少なくとも幸運だけでは不可能で、実力が必要です。また、長い年月の間には、色々なことがあるものです。たとえば、環境が変わります。また想定外の突発的な出来事も必ず起きます。

私も独立して20数年経ちましたが、実に色々なことがありました。たとえば、デジタル化が進む一方、日本経済が衰退しました。その間、サラリーマンの給与は増えず、実質的に日本人はかなり貧しくなりました。突発的な出来事もありました。たとえば、ネットバブルの崩壊やリーマンショック、東日本大震災、そして今回のコロナ禍です。

そのたびに仲間が消えていきました。私は、たくさんの起業家を指導してきましたが、一世を風靡した起業家の中にも、今は消息不明という人が何人もいます。ためしに、ビジネス書のベストセラーを年単位で遡ってみると「あの人は今」のオンパレードです。統計でも、起ち上げた会社は20年で半分になると言われています。法人化の前に消えてしまう人はもっとたくさんいますから、独立して20年ビジネスを続けられる人はごくわずかと言えます。

そんな経験を経て言えることは、生き残る人、すなわち「稼ぎ続ける人」は、仕事の基礎力が高いということです。一過性の儲けネタに出会うだけでなく、仕事の基礎的な力をバランスよく備えているということです。

では、稼ぎ続ける上で必要な仕事の基礎力とは、具体的にどんなものでしょうか？これを考えていくことが本書の命題です。ざっくり言えば、お金と人間関係、時間に関するスキルのことです。これらを自分の味方につけて、お金を生み出す力です。企業が、ヒト・モノ・カネという経営資源を活用してお金を生み出していくように、個人もヒト・カネ・時間という資源を活用してお金を生み出していくのです。これを可能にする力を「お金力」「人間力」「時間力」として、これから詳しく解説していきます。

この三つの力を磨き続け、どんな環境下でもお金を生み出し続けることこそが「稼ぎ続ける力」なのです。

稼ぎ続ける人は、
仕事の基礎力が高い

5項　サラリーマン気質とは何か？

かつて、昭和から平成までは、会社は社員をとことん働かせて残業代で報いていました。しかし、令和の今は社員を効率的に働かせる時代です。残業代などもってのほか、足りない分は副業でもやって他所で稼いで欲しいと考えています。

多くの企業が「会社におんぶに抱っこの〝ぶら下がりーマン〟はもういらない」と考えています。会社の本音は「稼ぐ力」を身につけた人だけ会社に残ってくれればいいと思っているのです。

もちろん、私は会社勤めという生き方を否定する気はありません。本書も会社を辞めることを促すために書いたわけではありません。会社勤めを続けながらでも夢を実現し、楽しい生活を送ることはできると思います。

しかし、サラリーマン気質は大いに否定したいところです。

サラリーマン気質とは、会社に経済的にも精神的にも完全に依存した「ぶら下がりーマン」のことです。

バブル世代がシニアの年齢になりつつあり、定年を迎えようとしています。ところが、彼らの多くはまだまだ「ぶら下がりーマン」として会社に残る可能性があります。改正高年齢者雇用安定法、いわゆる「70歳定年法」があるからです。これは企業に65歳までの雇用確保を義務づけ、希望する社員には70歳まで働ける環境を提供する努力義務が課されたのです。

この改正自体は、雇われる側にとって朗報のように見えます。しかし、実際は60歳で一度定年を迎え、その後は非正規社員として再雇用や勤務延長になるのが普通です。**つまり、仕事や労働時間が同じなのに、給与は半分になる可能性が高いのです。**

しかも、パフォーマンスが低ければ雇用契約が継続されない可能性もあります。それでも、年金受給は65歳からです。しかも支給年齢は、どんどん遅くなっていきます。それまでは何としても食い繋ぐ必要があるのです。

このように、これからのシニアは悠々自適の年金生活どころか、下手をしたら70歳まで働き続けなければなりません。

そのような事態を防ぎ、自信と尊厳を持って人生を楽しく生きていただきたい、そのためには、経済的、精神的、社会的に自立したサラリーマンになって欲しい。そんな気持ちから本書を書くに至りました。

サラリーマンは、これまでかなり特殊な環境で生活してきました。

金銭的な面倒はおろか、自分の将来を考える苦労まで、会社が肩代わりしてくれていました。退職すれば年金が支給されました。将来やお金の心配をするという煩わしいことなど考えずに、毎日、自分の仕事だけに集中できました。これほど恵まれた環境はありません。すべての会社勤めの人が、このような、いわば特殊な環境に置かれてきたのです。

一方で独立した人たちは、すべてを自分でこなしてきました。何より、自分で稼がねばなりません。ほかにも、税務や経理のことも処理しなければいけません。

その中で仕事をしてきたのですから、究極の何でも屋です。労働法が改正されようと、年金の支給が遅らされようと、それほど大きな影響を受けません。経済的、精神的、社会的に自立するとは、この究極の何でも屋を目指すことです。

もちろん、稼ぐ力は急に身につきません。しかし、会社勤めのうちから、稼ぐことを意識していくことで、稼ぎの力を少しずつ身につけていくことができるのです。

稼ぐ人は、

究極の何でも屋

6項 起業マインドの高い会社に入っても起業家にはなれない

自分の将来に大きな危機感を抱いている人たちに人気があるのが「社員の起業マインドを育む」という触れ込みの会社です。

創業して5年に満たない会社で、社長はまだ30代半ば。入社してすぐに責任あるポストに抜擢されます。毎日の仕事は大変ですが裁量権は非常に大きく、やりがいもあります。このような会社に入って起業マインドを養い、食べていく力を身につけていくという方法が学生の心を惹きつけます。

しかし、起業マインドの高い会社に入っても起業マインドは身につきません。 社長の仕事はわかりますが、社長の気持ちは、結局社長になってみなければわからないからです。

以前、20代の若手起業家に出会いました。その方は、ある町のポータルサイトを運営しており、そこの広告収入で自ら好きな洋服をプロデュースしています。彼が新卒して入社した会社は、マスコミの注目度も高いインターネットサービス業の会社でした。起業マインドも高い会社で、社員の独立も応援しています。

しかし、彼は「起業マインドを会社から習ったわけではない」と言っていました。入社したのは、IT企業がどうやって仕事を取って稼いでいるのかということを知りたかったからだそうです。元々、彼は学生時代に都内の有名ブティックで買物代行業を起業しており、経営者マインドはすでに備わっていたのです。

彼のように、「IT企業がどういう仕組みで食べているのかを知るため」というような、明確な目的意識を持ってベンチャー企業に就職するなら、起業家として得るところは多いはずです。

ただ単に「起業マインドが身につく」ことを売りにする会社に入っても、自分に稼ぐ力が身につくわけではありません。

たしかに、年功序列制度が根強く残っている大企業にいるよりはいいかもしれません。大企業では、役員にでもならない限り、組織の歯車にしかなれません。経理に配属されれば、経理しかできません。その点、小さい会社なら、経理だけでなく営業も広告もすべてやらなくてはいけません。間近で経営者を見ることもできます。

しかし、仮にそういう会社に入社しても「自分はもちろん、ほかの社員まで食べさせて

いくにはどうすればいいのだろうか」と考え、行動しない限り、得るものはありません。せいぜい「経営者って資金繰りに飛び回っていて大変だな」くらいしか思えないはずです。

起業家輩出工場といわれたリクルートでさえ、すべての人が起業家になっているわけではありません。起業して株式上場を果たすまでに成長する人は、ほんの一握りです。そのほかの大勢は、サラリーマンとして働き続けるのです。リクルートは部署移動が多いなど、ほかの会社に比べれば経営者の資質を身につけやすいシステムになっていますが、それを意識的に学ぶ人と、無意識的にただ流される人では結果がまるで変わってくるのです。

意識的に学んでいる人ほど、稼ぐ力が身につきます。反対にどんな会社に勤めても、流されている人には稼ぐ力は永遠に身につきません。

稼ぐ力は、その環境に身を置くだけで身につくようなものではありません。自分自身が「会社に頼らずに食べる力を身につけよう」と意識して、初めて身につくものなのです。

稼ぐ人は、

自力で稼ぐ力を身につける

7項　起業家はライフスタイルである

起業家という生き方は、主体的に選び取るものです。自分で「稼ぐ力を身につけよう」と主体的になれば、その瞬間から世界がガラリと変わります。

学生が社会に飛び出すと、「学生」から「社会人」という風に呼び名が変わります。生活や習慣もまったく変わってしまいます。

会社勤めから、会社を辞めて食べていくことも、まさにこれぐらい大きな変化です。

私も学生から社会人になったときは、さんざん先輩から怒られました。私は食事をするのが非常に遅かったのですが、そのときに必ず言われたのが、

「食事の時間が短いのが、デキるサラリーマンだ」

ということでした。ちょっと会議に遅れたりすると、今度は、

「時間を守れない人間は、一人前の社会人とは言えない」

と怒られます。

いろいろな失敗や成功を経験するうちに、言葉の意味がわかってきました。「自力で稼ぐ」ことで、学生から社会人になるのと同じぐらい世界観が変わります。だから、起業した人間が、会社に勤めている人にいろいろな忠告をしても、あまりピンときません。独立した人同士でよく言われているのは、「独立すると、今まで付き合っていたサラリーマン時代の友達と付き合えなくなる」ということです。それは、学生と社会人とでは話が合わないのと同じような感覚です。

たとえば、私も独立してすぐに会社の同僚と自分の仕事について話したことがあります。そこで象徴的だったのは私が「昼夜関係なく、休みもなく、ずーっと働いている」と言ったところ、サラリーマンであるかつての同僚が「代休はいつ取るのか？」と聞いてきたことです。これには驚きました。

もちろん自分のビジネスに代休などありません。そもそも出勤する日など決まっていません。売上が見込めるなら、土日だって働きますし、やり方次第では平日に寝ていることもできます。ボーナスや給料も、全部自分で決めていかなくてはなりません。

「自分で決める」というと「大変だ」と思われるかもしれませんが、自分のことは何でも自分で決めるということは楽しいものです。「自ら選び、行動する」ライフスタイルを選んだのですから、当たり前のことなのです。

ところが、起業家は職業の一つと考えている人もいます。それは、人材難が一因かもしれません。企業は人材不足の中で優秀な若手を採用しようと、あの手この手を講じています。そこで「仕事の裁量権が増える」「経営の中枢を担う仕事ができる」「起業のためのノウハウが習得できる」と若い人の起業願望を刺激した広告をたくさん打っています。

しかし、前述のとおりそういう会社に入っただけでは起業家にはなれません。

起業マインドを求めて転職を繰り返していくうちに、給料だけが低くなっていくという現実に直面するはずです。

転職の年収は「七五三」といわれています。1回目の転職は前職の給料の7割に、2回目に転職すると5割に。3回目になると3割しかもらえないという現実です。起業マインドを修得することの代償として、給与の減額を受け入れたのに、何も得るものがなかったというのが現実なのです。

転職を繰り返しても、起業マインドが育まれることなどありません。育まれるのは転職のスキルです。これは起業マインドとは対局にあるものです。起業マインドを育みたいなら、何があっても自分で稼ぐことを決意して、モノの考え方や行動パターンを身につけるしか修得方法はありません。反対に、どんな会社に勤めていても、その気になれば修得できるはずです。

稼ぐ力は、転職しただけでは身につかない

8項　サラリーマンを辞めても起業家にはなれない

「サラリーマン」と「起業家」の違いとは一体何でしょうか？　私は長年、起業支援の現場にいて、いつもその疑問の答えを探してきました。

サラリーマンと起業家について書かれている本を読んでいても、肝心なところが間違っていると感じます。**それは、起業家を「職業」として扱っていることです。**

また、サラリーマンを辞めれば、自動的に起業家になれるかのような表現も目にします。しかし、前出のように、起業家というのは物事に対する考え方や生き方です。サラリーマン的な考え方と起業家的な考え方は異質なものです。しかも、長年サラリーマンをやっていた人は、一朝一夕で起業家的な考え方ができるようになるわけではありません。私自身もそうでした。考え方をサラリーマン的なものから起業家的なものに変えるまでに、会社を辞めてから2年以上かかりました。

たとえば、報酬に対する考え方です。サラリーマンの場合、報酬を給料（労働の対価）で考えます。残業代などはその典型です。**自分の行ったことに対して対価を求めるのは非**

常にサラリーマン的な考え方なのです。このあたりは、身体に染みついてしまっているので、退職したぐらいではなかなか払拭できません。

しかし、ひとたび会社を飛び出せば、どのくらい自分が働いたかはまったく関係なくなります。徹夜で仕事を終えようが、1時間で仕事を終えようが、その過程はどうでもいいことです。本来、報酬は労働に対する対価ではなく、成果に対する対価です。独立すると、そのあたりをシビアに問われます。しかも、それを問うのはお客さんです。お客さんにとって価値があるかどうか、それだけが唯一の判断基準です。だから、将来の成果を期待してただ働きをするというケースはいくらでもあり得ます。

また、起業家は「自分で命令を出す」のが宿命です。サラリーマンは言われたとおりにやっておけばある程度は責任が回避できます。反対に言われたとおりにできなくては、サラリーマン失格です。ところが、起業家には誰も何も言ってくれません。自分の命令者は自分です。

起業家とサラリーマンの違いは、単なる職業の違いではなく「自分が正しいと思っているやり方を自分のやり方でやりたい人か、そうでない人か」の違いです。

サラリーマンでいる限り、自分でいくら正しいと思っても、自由に仕事をすることは許されません。理由は、リスクを負っていないからです。

たとえば、自分が「絶対売れる」と思う本を売り出そうと提案したとします。売れなかった場合でも、自分が出版社の社長なら最終的な責任を負うことができます。

しかし、出版社に勤めていたら、最終的な責任は会社が取ることになるのです。いくら「絶対に売れる。自分が責任を持つ」とどんなに主張しても、会社が認めなければ本は出せません。サラリーマンには、会社の利益を損なうような裁量権ははじめから与えられていないからです。会社は、資本を出している人（起業家や経営者、株式公開をしている場合は株主）のものだからです。自分の会社であれば、全責任をかぶることができます。失敗したら、その赤字をすべて自分で抱え込めばいいだけです。そうしたリスクを負うからこそ、自分の信念とかポリシーとか考え方、自分の美学などに従って、自分の正しいと思ったことを独自のやり方でできるのです。

「安定を犠牲にしてでも自由を手にしたいのか？」それとも「安定は失いたくないので、我慢するのか」この二つを天秤にかけて後者を選ぶうちは、まだ独立など考えない方がよさそうです。

稼ぐ人は、自由の代わりに安定を犠牲にできる人

9項　稼ぐ人は環境に影響を与える人

　サラリーマン的な発想の人と、稼ぐ人とでは、自分が置かれた状況に対するアプローチの仕方がまるで違います。前者にとって、置かれた状況が気に入らない場合の対処法は「あきらめる」「受け入れる」「文句を言う」のいずれかでしょう。

「うちの会社給料が安いんだよ！」

「うちの上司が使えなくってさ、毎日、上司の尻拭いで嫌になるよ……」

「今年の新入社員は本当に使えないよね〜」

　など、飲み屋で愚痴をこぼして、精神衛生を健全に保つのがせめてもの抵抗です。理由は、サラリーマンにはいろいろな制約があるからです。たとえ、どんなに嫌な上司や本当に使えない新入社員がいたとしても、自分が雇っているわけではないので辞めさせることができません。給料がどんなに安くても、毎月決まった日に給料がきちんと出る。だから我慢するのです。与えられた環境に順応していくしかありません。

しかし、自力で稼ぐなら、環境に反応しているだけではダメです。環境に対して、主体的に影響を与えて、変化させなければ生きていけません。たとえば、社員についても「社内にいい人材がいない」と嘆くだけではダメです。なぜなら、雇っているのは自分だからです。天に向かってツバを吐くようなものです。

文句を言っているよりも「使える人間を調達してくる」とか、「使えない人間を使えるように変える」という具合に考え、行動するのが稼ぐ人です。

もちろん、人材のことだけではありません。たとえば、Mさんは、幼い頃からモノづくりに憧れて、大手電機メーカーの商品企画に就職しました。ところが、家電は半年でフルモデルチェンジされます。元々モノを長く持ち続けたいという思いがあって就職したのに、自分のやりたいことと違うとギャップを感じていたそうです。このような事態に直面したら普通はあきらめてしまうのではないでしょうか？

しかし、彼はそうは考えず、自分が好きなモノづくりの仕事を土日を使ってやろうと考えました。最初からオリジナルでモノをつくり上げるのは無理と考えたMさんは、まずは愛用するカバンであるゼロハリバートンをカスタムメイドすることを思いつきます。そして研磨をしたり、取っ手をつくる職人をインターネットで募集し、ネットワークをつくって、仕事を受注し始めました。今ではこちらが軌道に乗り、オリジナルブランドのカバンも制作してしまいました。

一介のサラリーマンが、限られた資本でモノづくりをする。普通にサラリーマンをしているだけでは、とても思いつかないことかもしれません。しかし「やろう！」という意志があればできるものなのです。

冒頭で「稼ぐ力」を身につけるためには、「始める力」と「続ける力」が必要だとお話ししました。Mさんの場合は「なんとかしてモノづくりの世界で生きていきたい」という思いが、始める原動力になったのです。それは、続ける力の原動力にもなっています。だからこそ、一見不可能と思われた事態にもうまく対処できたわけです。

では、困った事態が起きたらあきらめてしまう人と、何が何でもあきらめずにやる人では、どこが違うのでしょうか？

それは、自分の本当にやりたいことをやっているか、いないかの違いだと思います。

自分のやりたくない問題に直面しても、その問題を解決したところでお金がもらえるわけでもないし、やりがいが出るわけでもない。やってみて失敗したらその責任を取らされる。それよりも無難に毎月給料をもらったほうが得だと考えるわけです。

稼ぐ人は、自分がやりたいことをやっているわけですから、その問題を解決しよう、もっといえば、チャンスにしてみよう。それをネタに何かできないか考えるわけです。

もちろん、独立しても、サラリーマンマインドを持ち続ける人がいます。そういう人は独立してもあまり稼げません。たとえば、個人で始めた事業が軌道に乗ってきたが、どうも自分一人では手が回らない。そのときにどうやって仕事を振るかによってもサラリーマンマインドの人と本当の起業家は、対応の仕方が異なってくると思います。

サラリーマンマインドを持ち続けていたら「これ以上忙しくなったら嫌だし、クオリティーが維持できないから、仕事は断ろう」と考えるかもしれません。もちろん、クオリティーを維持することは、経営者にとって非常に重要なことです。

ところが、本当に稼ぐ人はそうは考えません。「これだけ需要があるなら、今提供しているサービスができる専門家や技術者をもっと集めて、サービスを拡大してみよう！　売上も上がるし、みんな喜ぶぞ！」と考えるはずです。

このように、考え方次第で、自分も他人も幸せになれるかもしれないのです。そして、そういう考え方ができる人が稼ぐ人です。

稼ぐ人は、置かれた状況や環境を変えていける人

10項 資格を取っても稼げる人になれない

Aさんは、ファイナンシャルプランナーです。教えることと金融が好きだった彼は、ファイナンシャルプランナーの資格を取り、独立しようと考えました。ところが、同じファイナンシャルプランナーの同僚から忠告されたそうです。

「独立しても、すぐには食べていけないぞ」

その言葉で思い留まったAさんは、平日は普通のサラリーマンとして働き、週末や終業後は資格講師業、相談業務を請け負い、着実に顧客を増やしていきました。その後、ファイナンシャルプランナーの収入が本業を上回るほどになりました。

ファイナンシャルプランナーに限らず、**どんな資格を取っても、取っただけでは食べていくことはできません。お客さんを持って、仕事を得て、初めてお金が稼げるようになるのです。**

ところが、多くのビジネスパーソンが、資格さえ取れば勝手に収入が転がり込んでくると誤解しています。まるで資格を打ち出の小槌か何かのように勘違いしているようです。

また、多くのビジネス誌の特集や資格学校の特集では「稼げる資格はこの資格」という言い回しで、「この資格さえ持っていれば、これだけ儲かる」といったデータを出しています。このあたりにも一因があるのかもしれません。

いずれにしろ、この資格データに基づいて資格を取ったとしても、いつまで経っても稼ぐ力をつけることはできません。大切なのは、資格ではなく「その資格を活かして儲けるにはどうすればいいのか？」を考えることなのです。具体的には「どうやってお客さんを取るのか」と「どの部分で儲けるのか」ということです。

私自身、資格を取ったもののお客さんの開拓ができず苦労した経験があります。お客さんを取るために、実にいろいろなことをしました。たとえば、資格取得者の勉強会に参加して先輩から仕事を融通してもらったり、コンサルティングファームの登録コンサルタントになって下請けをしたり、名刺をつくってばら撒いたり、ダイレクトメールを打ったりしました。

資格をこれから取ろうとする人からすれば、資格を取っても、そこまでしなくてはいけないのかと疑問に思うかもしれません。そのとおりです。勘違いしてはいけないのは「お客さん」がお金を持ってきてくれるのであり、「資格」がお金を持ってきてくれるわけではないということです。

「資格で稼ぎたい」なら、まず「どんなサービス」を「誰に」「どうやって売るのか」そして「どうすればその仕組み（ビジネスモデル）を実現できるのか」を常に考えるべきです。

また、今いる会社の仕事に活かす目的で資格を取りたい人も多いでしょう。

しかし「資格」を持っていることでリストラに遭わないという保証はないことを知っておくべきです。資格に挑戦するのは結構ですが、常に目的を持って取らなければムダになってしまいます。特に資格取得にはコストがかかります。そのコストには、お金だけでなく、時間も含むべきです。これを回収するのは容易ではありません。

稼ぐ人を目指すなら、何事にもコスト意識を持つべきです。

勉強も同じです。学びのテーマは、会計や人材マネジメント、新しいマーケティングスキル、法律など、いろいろありますが、何を学ぶにしても、どのように回収するのか、これを意識する必要があるのです。

稼ぐ人は、学ぶにもコスト意識を持っている

11項　起業家に適した性格などない

よく雑誌などで、起業家適性テストみたいな特集を行っています。その結果を見て「自分には起業家としての適性がないんじゃないか」と思う方も多いようです。

しかし、私は起業家に適性などないと考えています。起業家になることそのものは、それほど難しいことではありません。誰でもできるものです。**あとは訓練の問題です。**誰もが学生から社会人になったときに、「社会人とは何か」を現場で少しずつ学んでいきます。先輩や上司に鍛えられて、社会人として成長していくのです。同じように、起業家になるために必要なことも現場で覚えていくしかありません。

一般に起業家というと、ソフトバンクの孫正義さんとか、楽天の三木谷浩史さんを思い浮かべる人が多いと思います。彼らは起業家の中でも、奇跡的に成功した人たちです。だからマスコミなどが頻繁に取り上げるのです。別に彼らのようにならなくても、会社に雇われずに生活していくことは可能です。「自分でネタを探してきて、売って、お金を得る」

これを続けることができれば、誰でも雇われずに食べていくことができます。

そのように考えると、あえて極端な例を挙げますが、駅前で漫画本を拾ってきて売っている人も、誰にも雇われることなく、自力で稼いでいます。

稼ぐ人には、程度の差があっても基本的に誰でもなれます。孫正義さんに誰でもなれるかというと難しいですし、適性もあると思いますが、駅で雑誌を拾ってきて駅前で売るくらいなら、恥さえ捨てれば誰でもできます。両者の間には程度の問題があるだけで「ネタを探してきて、売って、お金を得る」という本質から考えれば稼ぐ人です。

Kさんは、羽田空港近くの民間駐車場でアルバイトをしていたとき、航空券やツアーを予約できるサイトは数多くあるのに、駐車場を予約できるサイトが少ないことに気がつきました。当時、駐車場業界はIT化が進んでおらず、ホームページも持っていない駐車場が多いのが現状でした。駐車場の予約は、旅行会社からの斡旋に頼っていたのです。そこで、「駐車場情報サイトをつくり、そこから駐車場のネット予約ができるようにすれば、空港周辺の駐車場を利用したいというお客さんと駐車場オーナーとのニーズをかなえられる」と考えました。

主な収入源は、契約を結んでいる駐車場からのネット予約の斡旋手数料と広告掲載料です。手数料は1件につき数百円。それを数で補います。結局約40社の駐車場と契約を結ぶことができ、月平均200台以上の予約を斡旋するようになりました。夏などの繁忙期には、売上が月80万円を超えるときもあるそうです。

彼の起業ネタは、個人経営の駐車場会社と個人の空港利用者との斡旋業です。業界のスキマを狙ったところが独創的でした。ビジネスプランは、インターネットから簡単に予約できるシステムを構築し、仲介手数料というかたちで駐車場の利用台数に応じて売上が上がっていく仕組みです。

Kさんは、このビジネスをアルバイトのときに思いつきました。会社にいても、ちょっとした気づきで儲けのネタに気がつくことができるはずです。このようなことに気がつくこと、そして気がついたことを行動に移せることが「稼ぐ力」だと思います。

ただし、仮に稼ぐ力を身につけても、会社に雇われ続けるか、起業するかは、好みの問題です。

会社を辞めれば、最初は何でも自分でやらなくてはいけません。サラリーマン時代、営業マンだった人も、モノを売るだけでは不十分で、仕入れも経理もやらなくてはいけません。場合によっては、人を使って仕事をしなくてはいけません。そうなると、きちんと指示を出して、彼らが間違ったときにはその責任も取らなくてはいけません。そういうのが嫌で「ひたすらモノを売っているのがいいや」というのなら、会社は辞めないほうがいいでしょう。

サラリーマンと辞めて稼ぐ人の生き方には、それぞれ「メリット」と「デメリット」がありますが、同じように自分の「好み」もあります。そこを自覚しないと、苦労して独立しても、残りの人生が不幸になってしまいます。

会社にいながら「起業したい」と言っている人の多くは、この「好み」についてあまり深く考えていないようです。多くの人が、会社を辞めたときのメリットである「自由」やデメリットである「リスク」に目を奪われています。しかし、会社を辞めたときには、このように働き方のスタイルが変わることも忘れてはなりません。そして「自分はどういう風に生きたいのか」を考える必要があります。

まず「自分がどんな風に働いていきたいのか」「やりたいことだけやりたいのか、それとも何でも自分の自由にやりたいのか」このあたりを十分に自覚すること。

これが独立を考える第一歩です。

稼ぐ人は、

自分の生き方の「好み」を知っている

12項　サラリーマン的な価値観は捨てよう

会社にいながら、雇われずに「稼ぐ力」を身につけるには、サラリーマンをやりながら常に「自分が起業家だったらどう行動するか」を気にしながら会社生活を送ることが大切です。

たとえば、「給料が安くて不満だな」と思ったら、イライラして周りに当たり散らしたり、愚痴を言ったりしないで、「自分の給料を増やすにはどうすればいいか」を考えることです。経営者の立場で考えれば、本来なら売上が上がれば給料も上がるわけですから、「会社の売上や利益を上げるためにはどうすればいいか」を考えることになります。

これが、自力で稼ぐ力を身につける上で非常に勉強になります。会社とは、お客さんがいて、ビジネスモデルができあがっている「稼ぐ機械」です。自分で稼ぐためにはこれをゼロからつくり出さなくてはいけません。しかし既存のビジネスモデルであっても、それを効率的に動かすことを考えることは勉強になります。

「サラリーマンと起業家は立ち位置が違うので、会社勤めを続ける限り起業マインドを育てるのは難しい」と考えるなら、経営者の立場を脳内でシミュレーションすればいいのです。学生のインターンではありませんが、起業家のインターンになったつもりで「社長だったら、どういうことを会社の方針として打ち立て、運営していくか」を考えてみましょう。たとえば、次のようなことを頭に思い浮かべて、シミュレーションをしてみると面白いかもしれません。

①この会社の商品力を伸ばすにはどうすればいいか？
②この会社の商品力を時代に合うようにするにはどうすればいいか？
③競合はいるのか、その競合とどうやって差別化をするべきか？
④関連商品をつくることはできないか？ またその展開はどのようなものか？
⑤商品製作コストをもっと下げる方法はないのか？

などです。自分が独立のネタを持っているなら、会社のビジネスモデルと比較して、どの部分で儲けられるかを考えるのもいいでしょう。

うまくいけば、会社の仕事を受託して独立できるかもしれません。今は企業が法人のみならず、個人にもアウトソーシングをする時代です。たとえば、退職した元社員にその社員が担当していた業務をそのまま委託する会社もあります。こんな働き方も可能になりつつあるのです。

Tさんは、大手企業で人事部所属で活躍していました。社労士の資格を取り、「いざ独立」というときに、自分の会社から「委託で人事業務を受けてくれないか」というオファーがあったそうです。

独立する前にお客さんを持っていると精神的にも物質的にも非常にラクになります。

しかし、退職後に仕事が来るかどうかはその人の人間性とも関わってくるので、人間関係を大事にして、どんな仕事でもきちんと結果を出しておくことが大切になります。

このような制度がなければ、会社と交渉してつくればいいのです。前述の通り、稼ぐ人とは、環境に反応するのでなく、環境に影響を与える人なのです。

稼ぐ人は、会社にいながらでも起業家的に行動する

13項 会社は無料のビジネススクール

「仕事が楽しくない」
「やりがいが見出せない」
「上司が嫌だ」

こんな風に愚痴をこぼすのは、現状に対して「反応」している状態です。このような状態で居座るだけでは、起業マインドはいつまで経っても育てられません。

そんな暇があるなら「どうすれば、今の状態を変えられるのだろうか」ということに気を使ったほうが生産的ですし、起業マインドを育む訓練になります。

「反応」的な考え方を止め、「創造」的に考えるようにすれば、今まで見ていた世界は確実に変わってきます。

たとえば「仕事が楽しくない」と感じているなら、これを「自分の今いる環境は変えられるんだ」と考えれば、「なぜ、仕事が楽しくないか」その原因も見えてきます。もしかしたら、上司の行動に振り回されているからかもしれません。上司が指示を出すまで待っているることで、すべての業務を滞らせ、その影響が最終的に顧客のクレームに発展しているのかもしれません。問題が明らかになれば、環境を変える知恵も、やるべきことも無数に出てきます。

たとえば「上司の指示を待つのではなく、上司の行動を先読みして段取りを考え、それを先に進めておいて上司の決裁を仰ぐようにしよう」と考え、その通りに行動すれば、顧客のクレームも発生しないかもしれません。

業務の段取りが考えられるようになれば、「どうすれば、業務を効率的に行うことができるか」といったことにまで考えが及ぶようになります。「経理事務はアウトソーシングしたほうが業務効率がよくなり、経費も浮く」ということなら、その事情を提案書にまとめ、上司にアプローチする方法も考えられます。

こうした考え方は、稼ぐマインドを育てる上で重要です。自分が、数人の部下や後輩を抱えていて「どれも使えないな」と思っているなら「どうすれば、部下をやる気にさせることができるか」という風に考えてみます。

独立すればわかることですが、辞めた当初は、資金も潤沢ではなく、優秀な人材を集められず、人件費をなるべくおさえて事業を運営する必要が出てきます。人件費をかけずにいい仕事をしてもらうには、社員のモチベーションをいかにアップさせるかという人間力が必要になってくるのです。たとえば、部下が抱いている不満をすべて出しあう話し合いの場を設ける必要があるかもしれません。面倒なことだと思うかもしれませんが、そうした経験は自分の人間力を培う上で非常に重要です。

サラリーマンのときは気がつかないかもしれませんが、会社の日常業務のほとんどを通して、本来ならお金を払って身につけなければならないことが学べます。

新人のときに上司や先輩から学ぶ社会人として基本的なマナーに始まって、会議の進め方、外部との仕事の進め方、部下の使い方、上司の説得の仕方など、どれも会社を飛び出したら、お金を払って学ばなくてはいけないスキルです。

たとえば、サラリーマンでいる間は、身銭を切らなくても部下を持つことができます。ところが、起業すれば人を雇うのにもお金がかかります。そのお金の出所は、本来は自分の取り分の一部です。

このように、実際に身銭を切って失敗して初めて学ぶことも多いのでしょうが、サラリーマンのうちに無料で体験できることは学んでおいたほうが得です。それも、少し考え方や行動を変えることでできるのです。これを利用しない手はありません。

稼ぐ人は、会社を利用して学ぶ

14項 起業してから学ぶことも多い

起業の準備と称して、サラリーマンのうちから、起業本を読み漁る人がいます。また、起業セミナーなどにやたらと顔を出す人がいます。もちろん、こうした勉強は絶対に必要ですが、こうした勉強で学べることは、必要なことのごく一部です。

これだけで、本当に自力で食べていく力を身につけることなどできません。

たとえば、起業したい人に「自分の提供するサービスや商品に対し、いくらぐらいの値段をつけていいかわからない」という質問をもらいます。「今まで自分のブログで話題を提供していたが、これを教材にして売ろうと思う。しかし、有料となったら今まで支持してくれていたファンがいなくなってしまう気がする。だから値段をつけられない」「自分が値段をつけるのはいいが、相場に合わない値段をつけて、支持する人がいなくなるのが嫌だ」「相場と同じ金額をつけても全然儲からないのでは？」などといった悩みです。

このような質問に対する答えは、起業の本には書いてありません。自分でトライアンドエラーを繰り返し、体得するしかないのです。

私も起業するときに、いわゆる起業本を読み漁って、それなりに納得していました。ところが、実際に自力で稼ぐようになって初めて実感したことがいっぱいありました。たとえば、「税金の負担は重い」ということは、どの本にも書いてあります。読んでいるときには「そんなものかな」と思うだけでした。しかし、実際に払うようになると、税金のために借金をすることもあり「こんなに高かったんだ」ということをひしひしと実感しました。

また、「自分の給料は自分で決めるのは意外と大変」と本に書いてあります。これもやってみなければわからないものです。実際やってみると、「自分の給料をいくらにするのか」本当に悩みます。

会社勤めの経験しかなければ「給料は高ければ高いほどいい」と考えてしまいそうです。しかし、あまり給料を取りすぎると会社が赤字になってしまいます。しかも自分は所得税をたっぷり取られてしまいます。もちろん、あまり少ないと会社が税金を取られます。それに、そもそも何のためにビジネスをやっているのかわからなくなってしまいます。社長の給料は「ビジネスがうまくいかないから来月変えよう」ということができません。だから、すごく悩みました。

ほかにも、

「顧客から見積書を出せと言われたが、どうやってつくればいいのかわからない」

「請求書の書き方がわからない」

など、実務に関する細々した問題にも直面します。中には会社を辞めれば当たり前でも、サラリーマンをやっている限りなかなか体験できないこともたくさんあります。

そこで提案したいのが、会社にいながら小さなビジネスを体験してみることです。

といっても、何も大げさなことは必要ありません。自分ができる範囲でビジネスを体験して欲しいということです。

たとえばメルカリなどのサービスを使って古着やいらなくなったモノを売ってもいいでしょう。アフィリエイトを試してみるのもいいかもしれません。フリマ（フリーマーケット）に出店してもいいのです。

要は、お金を払っている側からお金を稼ぐ側に立ち位置を変えてみることが重要です。

「たかがフリマアプリなんて、たいして儲からないし疲れるだけだ」という方も多いかもしれません。しかし、フリマアプリからでも起業に関して学ぶことが意外にも多いものです。

「ブランドもののＴシャツだから高く売れる」
「これは希少なものだからマニアには高く売れる」

などと、売れる商品の目利きができるようになってきます。また、同じ商品でも梱包をキレイにするとよく売れるとか、見映えよく写真を撮ると売れることがわかります。そうすることで商品陳列の知識もついてきます。

お客さんとのコミュニケーションも非常に大事です。

お客さんとのコミュニケーションの中で、新たに古着の仕入先が見つかったりします。

また「コレ、欲しかったんです。ありがとう」などと言われると、お金をもらう以上にうれしいものです。こうした経験をしておけば、将来社員を雇う立場になったときでも「どうしたら、限られた給料で働いてくれるのか」という問題に対する解決策が見つかるかもしれません。

本を読んでも、わからないことはたくさんあります。特に、辛さや喜びは、机上の勉強では実感できません。ぜひ、小さなビジネスを体験していただきたいと思います。

稼ぐ人は、

小さいビジネスを体験する

15項　どうしたらお金が儲かるのか

フリマやメルカリをサイドビジネスとして行うことをおすすめしましたが、問題は、そこから何を学ぶかです。ただ「お金が儲かった」「部屋がきれいに片付いた」というだけでは、あまりにももったいない話です。

もう少し突っ込んで「どうしたらお金が儲かるのか」という視点で、ビジネスを見ることが重要です。

たとえば、経営資源の最適配分を学ぶのもいいかもしれません。起業すればわかりますが、ビジネスとは、

①ヒト（スタッフ）
②モノ（商品、ビジネスモデルなど）
③**カネ（資本）**

の三つを武器に利益を上げていくことです。

これらが潤沢にあればいいのですが、普通は限られています。

そこで、一番大きな利益が上げられるように、これらを最適に配分していくことが大切です。どんなビジネスでもこの三つが基本になっている、ということがわかるはずです。そのような視点で自分のビジネスを見ることは、将来必ず役に立つはずです。

前出のフリマでも、場合によっては、アルバイト料を払って友達に手伝ってもらうことになるかもしれません。これは、①ヒトにあたります。この場合、アルバイト料以上に儲かるなら、アルバイトを雇う意味もありますが、損をするようならば、自分一人で切り盛りしたほうがいいという経営判断になるわけです。こうして、人を雇って仕事をするというのは、どういうことかがわかるのです。

②のモノにしても同じです。フリマに継続して出店するには、継続的に売る品物を揃えておかなければいけません。自分の古着だけでは、売る品物がなくなってしまいます。そこで考えるのが、仕入れ先の確保です。

地方のフリマに出かけていって、売れる商品を仕入れてくる方法もあるでしょう。オークションで売れそうな商品を見つけたら、安く落札してフリマで売る方法もあります。そういうときに役立つのが「どんな商品が売れるのか」という目利きの力です。

③のカネにしても同じです。ヒトを雇うときに必要なのもカネですし、商品を購入する

のもカネです。ゲーム機を購入してレンタル料を取るようなビジネスを思いついた場合でも、その最初のゲーム機を購入するのはカネです。もちろん、株や不動産投資用の不動産を購入するのもカネです。お金を生み出すためには、まずカネがいるのです。

このように、自分が行っているビジネスを、いつもこの三つの視点から眺めるようにすると、ビジネスに対する見方は変わってくるはずです。

ほかにも、小さなビジネスで経験すべきことはあります。それは、ビジネスを完結させる経験です。「1円を稼ぐ」ためには、ヒト、モノ、カネの三つの資源を使って、売上を上げるための一つの流れを完成させなければいけないからです。

たとえば、フリマアプリであれば、

①何が売れるか調べる
②その品物を調達する
③調達した品物の商品写真を撮る
④フリマアプリに掲載する
⑤購入者が出たら、丁寧に梱包し、発送する
⑥入金されたお金を回収する

といった、一連の流れが必要です。

売上を上げるためには、仮に1円であっても、この流れが完成している必要があります。この流れが完成して、1円でも入金があれば、あとは広告宣伝などを行って、売上を大きくしていけばいいのです。

会社は分業が進んでいるので、営業部や管理部など、この流れのごく一部しか体験しないことがよくあります。

そのため「いいものは勝手に売れるんだ」とか、「売ればお金は勝手に振り込まれるんだ」などと誤解している人がいます。そういう人が自分で商売を始めると、海外で見つけた商材を大量に仕入れたものの売り方がわからずに途方に暮れたり、売りまくったあげくに代金が回収できず、資金がなくなって倒産、ということにもなるのです。

組織の歯車の一部を任されただけでは、学べないことがたくさんあります。ぜひ、小さなビジネスで売上の流れを完成させ、1円を稼ぐ経験をしてみてください。

稼ぐ人は、ヒト、モノ、カネの視点でビジネスを見る

16項　ビジネスの準備は余暇ではできない

「会社にいながら準備を進めましょう」と言うと、必ず「そんな時間はない」という声が返ってきます。しかし本当に時間がないのでしょうか？

「毎日、忙しくて、自分のビジネスを始める時間が取れない」

という人がたくさんいます。

そういう人に限って、自分の時間に聖域を設けている人が多いように感じます。夕方に仕事が終わり、上司と一杯飲んで、家に帰って、バラエティー番組やニュースを見て、お風呂に入って、出社ギリギリまで眠っている。

このような生活を変えることなしに、何かを成し遂げようとしても難しいのではないでしょうか？　空いた時間でできることなど、たかが知れているからです。

そもそも、現状の生活を変える意志もない中で、何かを成し遂げようと考えることが問題です。

このような状態では、仮に空いた時間で何かやろうとしても甘えが出ます。「今日は仕事で疲れたし、1~2日ぐらいなら、さぼっても大丈夫だろう」と考えます。こういう癖がつくと、せっかく立ち上げた週末ビジネスも軌道に乗りませんし、自分が体験したことも「面白かったな」で終わってしまいます。

こういう姿勢では、会社勤めをする上でも問題です。職場の時間の流れに身を任せる受け身の姿勢では、組織の中でも何かを成し遂げることはできないからです。

余暇とは、余った時間のことです。余った時間でできることなどたかが知れています。会社の仕事にしても、起業の準備にしても、自分で時間を決めて、継続的に続けることが大事です。

なお、時間と主体的に関わるコツは、まずは自分がどうやって生活をしているのか、時間の棚卸しをしてみることです。

ウィークデーとウィークエンドに、自分がどういうスケジュールで動いているのかをまず書き出してみることがポイントです。

次に、スケジュールの中で、自分の意志で「時間のやり繰りができるもの」と、「やり繰りができないもの」の二つに分けてみることです。

「自分でやり繰りができるもの」は、①睡眠時間、②就寝、起床時間、③出社、退社時間、

④週末の時間などです。

一方「やり繰りができない」のは、①就業時間、②通勤電車の始発と終電などです。こうして書き出してみると、時間を捻出することは、やり繰り次第でいくらでもできるように感じるはずです。先入観や固定観念を持たずに棚卸しすれば、意外と使える時間は結構あるものです。

特に活用したいのが、出社前の早朝の時間です。

私は中小企業診断士の資格を取るために年間1000時間の勉強時間が必要と考えました。そのためには、朝の時間を確保するほかなく、朝4時に起きて、始発に乗ることで、勉強時間を捻出することにしました。

朝4時起きというと随分大変に感じるかもしれませんが、往復2時間の殺人的な通勤ラッシュに巻き込まれるよりは、ずっといいと思いました。

通勤電車で過ごす拘束時間を計算すればわかりますが、毎日往復2時間として、週休2日、264日通勤で年間で522時間を費やす計算になります。これを40年間続けると、2万880時間、これを24時間で割ると870日で2年と4カ月となるのです。この時間には眠っている時間も含んでいますので、活動時間で考えると、失っているのはもっと大きくなるはずです。

2年4カ月を辛い通勤電車で過ごすなら、朝4時に起きても、椅子に座りながら自分の有意義な活動の時間に当てたほうがいいという考え方もあると思います。私もそう考えて勉強時間を確保しました。

ぜひ通勤時間で拘束される時間を計算してみてください。1000時間を24時間で割れば、1カ月と10日ほどになります。それだけの時間があれば、かなりのことができます。

会社に勤めながら、資格の取得や英会話の勉強に挑戦する人はいくらでもいます。彼らは、これくらいは勉強しています。起業の準備を考えている人ができない理由はないと思います。まずは年間1000時間の捻出を目指してはいかがでしょうか？

稼ぐ人は、早朝や終業後、週末も利用する

17項　精神的にタフになろう

「一人のほうが楽」と考えるタイプの人でも、いざ会社を辞めて独立すると、組織から離れてしまう孤独、一人になってしまったという重圧にさいなまれるものです。

この孤独感、重圧感は、実際に会社を飛び出さなければわからないと思います。ぜひ来たるべき日に備えて、様々な対策をとっておくことをおすすめします。

私の場合、会社に勤めながら2年間自力で稼ぎ、毎月50万円の収入が入ってくるようになったところで会社を辞めました。それでも、その収入はいつ途絶えるかわからないわけで、不安が拭えませんでした。

私はゴールデンウィークの前に辞めたのですが、ゴールデンウィーク中に色々と考えてしまい、夜も眠れませんでした。「休み明けに人事部に土下座でも何でもして、もう一度雇ってもらおう」と思い、何度電話に手を伸ばしたかわかりません。こうした体験は、会社を辞めた人なら誰もが感じるものです。

私がこの独立した精神的重圧から逃れるために取った方法は、サラリーマン時代と同じ生活をすることでした。

会社に勤めていたときから、知り合いの事務所を使わせてもらっていましたが、会社を辞めた後もスーツを着てそこに出社するようにしました。

最初は、せっかく辞めたんだから自宅で気ままにやろうと思いましたが、予想以上に不安や焦り、重圧があったのですが、そのようにしたおかげで、精神的には楽になりました。

これは家族を安心させる効果もありました。家族が一番心配するのが収入の不安です。独立すると収入が安定しなくなり、その不安定さが家族に心配をかけ、その心配が自分をますます不安にさせます。家族に余計な心配をかけないよう、私はサラリーマン時代の給料口座に、かつての給料日と同じ日に、自分の稼いだお金を入金するようにしました。

これらは私の事例ですが、いずれにしろ、自分なりに何か対策を立てておくことで、いざというとき自分が潰れそうになる重圧から逃れることができると思います。

稼ぐ人は、辞めたときの重圧を回避する対策をとっている

column

試しに自力で稼いでみる

本書のテーマは、会社を辞めても食べていくための稼ぐ力の正体を見つけることです。ただし、食べていくだけなら、今の時代、それほど難しくありません。方法が多様になっているからです。

その証拠に、失業したとき、かつてなら生活費を確保するためには、次の雇い主を求めてハローワークに駆け込むか、就職雑誌を片手に電話をかけるしかありませんでした。そうしなければ食い扶持に困って路頭に迷うことになりました。

もちろん、今でも基本はそうですが、収入を得る方法はほかにも色々と登場しています。特に、インターネットやスマホが広まって以降、バリエーションが加速度的に増えています。

試しに、「副業　方法」とか「お金　稼ぐ」などとインターネットなどで検索してみてください。いくらでも出てくるはずです。副業用とあっても、やり方次第では本業並か、それ以上に稼げるものもあります。

実際に、失業をきっかけにやむを得ずこれらのサービスを使ってみたところ、サラリーマン時代の何倍も稼げるようになったという人もいます。

たとえば、少し前から副業の方法としておなじみの、アフィリエイトやせどり、オークションサイトなどを用いる方法は、今も健在です。YouTubeやTwitter、Instagram、ブログなどで発信して広告収入を得る方法も有効です。

これらに加えて、最近はUber Eatsをはじめとしたフードデリバリーやメルカリなどのフリマサイトのサービスを駆使して収入を得る方法もあります。コロナで活躍の舞台を失った芸能人やスポーツ選手の中には、Uber Eatsの配達員をして生活費を稼いでいる人がいます。自由度が高く、慣れれば1日3万円くらい稼げるとあって人気です。とはいえ、成果報酬型なので、配達数を増やすために注文が多い時間帯や配達地域を選定するなど工夫が必要です。

また、メルカリを使って稼いでいる人もいます。家で眠っている不用品だけでなく、ヤフオク！などで安価に仕入れた商材を出品して稼ぐのです。これなども商品選定の目利きと出品した品物を魅力的に見せる写真撮影の工夫、商品説明の工夫などで売上が大きく変わります。

電話で顧客の相談相手となって話を聞いてあげるリスニングスタッフという仕事も人気です。こちらは、悩みや不満、トラブルなどの愚痴を電話で聞いて報酬をもらいます。ココナラなどのスキルシェアサービスを使うのが一般的です。家にいながらできますので、在宅ワークの合間にやっている人も多いようです。

ライティングやデザイン、プログラミング、写真撮影など、法人向けにサービスを提供できるスキルを持つ人なら、ランサーズやクラウドワークスなど、仕事をマッチングするクラウドソーシングサービスを使えば、法人から仕事を受注することもできます。

このように稼ぐ方法は多様化し、環境も整備されたことで、かつてより格段に稼ぐ手段のバリエーションが増えています。その分、自分の適性に合ったものが見つけやすくなっています。

いずれもたいした元手もかかりません。ただし、稼ぐためには工夫や試行錯誤が必要です。これが、マーケティングセンスや効率アップなどを鍛えてくれます。

稼ぐ力を身につけようと起業の本を読んだり、起業のセミナーに通ったり、起業家が主催するオンラインサロンに参加するのもいいですが、一番いいのはとにかく自分でやってみることです。はじめは少額でもいいから、会社の肩書を使わずに自力で稼いでみることです。それが自力で稼ぐ力を鍛えますし、何より稼ぐ楽しさを教えてくれるはずです。

第2章

人間力を育む──人間力

周囲のモチベーションを高められ、コミュニケーション力があり、
リーダーシップやマネジメント能力がある……。
そんな人間力の高い人は、仕事に困ることがありません。
人間力を身につけた超・個人事業主は、
ビジネスをどんどん拡大していくことができます。

1項　稼ぐ力は人間力

稼ぐためにぜひ育成して欲しい能力は、人を動かす力、「人間力」です。

これは、リーダーシップやマネジメント能力といわれるものです。

「独立したら一人でやるのだから、リーダーシップやマネジメント能力なんて必要ない」ということ意見があるかもしれませんが、それは大間違いです。

そもそも、ビジネスは一人ではできません。仮に自分一人で起業したとしても、営業マンは自分です。自分で新規開拓して、ビジネスをうまく軌道に乗せていくには、取引先や顧客との関係がきちんと築けなくてはいけません。

会社を辞めれば自分が商品ですから、自分に魅力がなければ誰も取引をしてくれません。

最初は下請けから始める人もいるでしょうが、それも人によって、頼まれやすい人、頼まれにくい人があるはずです。

頼まれやすいのは、相手のニーズをよく理解していて、そのニーズに沿ったサービスやモノを提供できる人です。

頼まれにくい人は、相手のニーズを無視して、とにかく自分の要求しか言わない人、自分の都合で納期を遅らせるような、扱いづらい人です。

独立すれば「頼まれること=売上」ですから、相手の身になって考えることができないような人は、売上を上げていくことは難しいと言わざるを得ないでしょう。

こうしたことは、顧客との関係に留まりません。ほかの会社と一緒になって働くときも人間力を発揮しなければならないのです。

たとえば、一人でやっているときに、自分の許容範囲を超えた大きな仕事が入ったら、スタッフを雇うのではなく、ほかの人と組んで仕事をこなしていく場面も出てきます。この場合、彼らとは対等な関係にあります。いかに相手のモチベーションを維持しつつ、最大のパフォーマンスで仕事を成し遂げてもらえるかを考えなければなりません。いろいろなことに気を配らなくてはいけませんし、自分の思い通りにならないことも多々あると思います。

このあたり、会社の看板で仕事をしている人は特に注意が必要です。

大きな会社に勤めていると、相手がへりくだってくれるので、つい振る舞いがぞんざいになりがちです。相手を「出入りの業者」などと呼んで、闇雲に値段を叩いたり、意味もなく呼びつけたりしている人をよく見かけます。しかし、独立して会社の看板がなくなってからこのような振る舞いをすると、すぐに相手にされなくなります。

ところで、人を動かす力を鍛えるには、どうすればいいのでしょうか？

「人はパンのみに生きるにあらず」という言葉がありますが、人は情で動く部分が大きい生き物です。誰でも嫌な人とは付き合いたくはありません。いくらお金をくれるからといっても、自分が嫌な人と付き合う人は少ないでしょう。

誰もが自分が信用できる人やウマの合う人、「この人といるとすごく楽しい」「勉強になる」という人とお付き合いしているはずです。反対に自分がそういう人間になれば、事業はどんどん拡大していくはずです。

それを学ぶ場として、会社はとてもいい場所だと思います。なぜなら、会社はリーダーシップやマネジメントの事例の宝庫だからです。

会社でデキると言われている人は、リーダーシップなりマネジメントなりをきちんと発揮している人だと思います。

私も若い社員や異性の社員との付き合い方、年上の部下や年下の上司との付き合い方を会社にいる間に学びました。また、工程管理や人員管理の実例は会社の中で体験できますし、自分の上司がどうやって部下のやる気を引き出しているのかを気をつけて見ていれば、自分が独立したときに役立つのです。

部下を持っている立場にいる人なら、さらによい体験をしていることになります。会社を辞めると、上司として人に接する機会が極端に少なくなります。特にプログラマーやデザイナーなど、フリーランスとして独立する場合、そのような現場からは疎遠になります。

たとえば、自分の言うことを聞かない部下がいる場合、自分の仕事の指示の仕方に問題があるのか、それとも自分に対する不満があるのか、部下自身の問題なのかなど、いろいろな可能性があると思います。それを一つずつ解決する過程で、人間力を育んでいくことができます。

この人間力育成は企業の人材育成の重要課題にもなっています。今後人間力が乏しい人材は、出世することが難しいといわれています。つまり、組織の中で生きていくのにも、人間力は必須の能力になっていくのです。

稼ぐ人は、人間力のある人

2項　人間力は会社の組織から学ぶ

会社を飛び出したばかりの頃は、普通は一人で始めるわけですが、そのうちだんだん人がたくさん集まってくると、自分の会社を組織にする必要が出てきます。この組織をマネジメントしなくては、売上を上げていくことは不可能になります。

ここでも、サラリーマン時代の経験が役立ちます。私自身そうでしたが、社長の経験など最初は普通ないわけで、組織化と言われても戸惑うだけです。

そこで、誰もが見よう見まねで組織化をするわけです。**そのとき、役に立ったのが、サラリーマン時代に経験した朝礼とか研修、会議などです。**

正直なところ、私はサラリーマン時代、忙しいのになぜ会議ばかりやるんだろうと常々不満に思っていました。ところがいざ組織を運営する立場になってみると、情報共有を心がけないと、情報はとたんに入って来なくなることがわかりました。また、メンバーが集まる機会を設けないと組織はなかなか一つの方向に向かないこともよくわかりました。

正直、会社を飛び出したことで、その手の集まりがなくなって清々していたのですが、皮肉にも今は、そのときの経験が非常に役に立っています。

会議だけでなく、サラリーマン時代に経験した組織人としての経験が、いろいろなところで役立っています。回覧制度や社訓の唱和、新年会や忘年会、合宿などです。

また、社員とのコミュニケーションを図るために、給料を渡すときにちょっと面談をしていますが、これも自分がサラリーマンのときに、部下の立場でされていたことです。もちろん、そのときに言われて嫌だったことは言わないようにしようとか、逆に言われて嬉しかったことは積極的に言うようにしています。

会社は、よくも悪くも人間のるつぼです。いろいろな立場、考え方、思考回路を持った人を一つにまとめて、利益を上げるという目標に向かって行かなくてはいけないのです。そこでは、人間力が問われます。

入社したばかりの若い人は、リーダーシップやマネジメント能力を発揮する機会に恵まれないかもしれません。しかし、自分に対して上司がどんなリーダーシップを発揮していたか？ という視点で会社生活を送れば、人間力を育成するきっかけには十分なり得ます。また、その気になれば上司をマネジメントすることだってできるはずです。

ただ「毎日がつまらない」「早く辞めたい」と考えるだけでなく、「会社という組織が、どういう力関係で動いているのか」「情報をどのように全社に伝達しているのか」「自分の上司は、どうやってリーダーシップやマネジメントを行っているのか」という視点で会社を見れば、自分の視野が格段に広がっていきます。

逆に、今いる会社のリーダーシップやマネジメントが非常に悪かった場合は、それを反面教師として活用すれば、自分が独立してからも役に立つはずです。

もちろん、役に立つことばかりでもないとは思います。それでもいいのです。

私の場合は、会社を辞めることを決めてからは、辞めてからは体験できないことをあえて体験しようと思いました。たとえば、重役のお供や海外出張、外国のお客さんのおもてなしなどです。

これらは、現在の業務には直接役に立っていませんが、自分の考えや、行動に深みを与えるきっかけになっていると感じています。

稼ぐ人は、会社にいながら、組織をしっかり勉強する人

3項　まずは、組織図をつくってみる

一人で始める場合も、誰かと組んで始める場合も、まず、自分の会社の組織図を描いてみることをおすすめします。

会社を辞めてすぐは、営業から経理、事務まで、何でも一人でこなさなくてはいけません。ところがそうやって日々の仕事に忙殺されていると、なかなか仕事の全体像を把握できず、自分で動いたほうが早いのではないかと考えるようになります。

もちろん自分で忙しく動くのは結構ですが、売上が上がっていくにつれて、自分一人では対応できなくなります。だからといって、闇雲に人に仕事を振り分けても、むしろ非効率になってしまう場合もあるはずです。

そこで組織図が必要になります。自分のビジネスの組織図を描いてみると、ビジネスの成り立ちがよくわかります。全体像を把握できたら、どの仕事を誰に振り分けていくかを考えるのです。ここでは、わかりやすくフリマサイトの例で考えてみましょう。
最低でも次のような8つの仕事が見えてくるはずです。

①どんな商品が売れているのかリサーチをする仕事
②商品を仕入れる仕事
③商品の写真撮影をし、出品する仕事
④紹介文などを書く仕事
⑤商品が落札されたらお礼のメールを送信する仕事
⑥梱包、発送する仕事
⑦入出金管理、経費の精算など経理の仕事
⑧新たなフリマサイト（販路）を拡大する仕事

このうち、たとえば少し教えれば誰でもできそうな仕事として、梱包や発送業務を考えるなら、それを誰かに委託して、余った時間はリサーチにあてるとか、仕入れに全国各地の地方のフリーマーケットに赴き、格安の商品を仕入れたりするほうが、売上をより拡大することができるのです。

また、自分の仕事を体系的に把握するのにも組織図は有効です。

たとえば、販路はたくさんあるのに自分に営業力がなくて販売機会を逃している場合は、営業マンを雇ったほうがいいかもしれませんし、日常業務に忙殺され、経理の仕事が忙しくてできないなら、経理の仕事は代行させるという方法が考えられるはずです。

組織図をつくれば、何が問題で自分のビジネスが立ち行かなくなっているのかがわかるはずです。

自分のビジネスの弱点がわかれば、異業種交流会で自分の弱点を強みにしてくれるような人と出会う確率も高くなります。というのは、足りない部分を明確にすることで、情報に対する感度が非常に高くなるからです。

会社に勤めている間は、自分の会社の組織図を眺めたり、自分が働いている部署の組織図をつくってみるのも面白いかもしれません。「普段、何気なく行っている自分の仕事は全体の中でどういう位置づけにあるのか？」ということに気がつくはずです。

また、組織図があると、仕事を人に頼むときにも便利です。

「自分のビジネスのここが弱いので、ここを任せたい」と言えば、人を雇うときでも、外部の人に頼むときでも、相手に伝わりやすくなります。

また、まったく違う業界の組織図も参考になります。

私も、子どもが通っているそろばん塾の検定の仕組みや、スイミングスクールの教育制度を参考にしたことがあります。

問題意識を持つと、日常生活でもアンテナに引っかかってくるのだと思います。

稼ぐ人は、自分のビジネスを体系化している

4項 会社の肩書き抜きで付き合う

会社にいると、その肩書きで個人ではなかなかお付き合いできない政治家や経営者、有名人との出会いがあるかもしれません。そうした豪華なネットワークを活用していくのも、人間力を育成する上で役立ちます。

私の場合は、サラリーマン時代に弁護士や公認会計士とお付き合いする機会に恵まれたことが役に立ちました。日常生活では、なかなか弁護士とお付き合いすることなどありません。そこで、弁護士との付き合い方を会社の肩書きで学びました。

具体的には、仕事を頼む場合、報酬はいくらぐらいになるのか？　弁護士にはどのような仕事をお願いすればいいのか？　など、実際にお付き合いすることでわかるのです。

「肩書きがなくなったら意味がなくなる人脈は構築しない」

という人もいるかもしれません。確かに会社の肩書きがなくなってしまえば、弁護士などのお付き合いがなくなってしまうかもしれません。

しかし、そうした人脈を会社を辞めた後でも残せるか残せないかは、その人の人間力によると思います。

独立しても、大企業にいるときと同じ横柄な態度で取引先や顧客と接する人がいます。残念ながらこういう人は、人間力があるとはいえませんし、取引先や社員もなかなか動いてはくれないでしょう。

会社の肩書きで仕事をしている間は、気づきにくいことが多いのですが、自分に対して相手がいろいろと気遣ってくれるのは、大企業の看板のおかげであることが多いのです。独立してしまえば、あなたと付き合うメリットはまったくないのです。

そういう状態にならないように、サラリーマンでいる間も、相手のメリットと自分のメリットがうまく成立するＷｉｎ－Ｗｉｎの関係に持っていかなくてはいけないと思います。そうしないと、自分の周りから人が消えていってしまいます。

自分を助けてくれるスタッフとの関係においても同じです。

サラリーマン生活にどっぷり浸かってしまうと、会社を辞めてからも自分が過去に持っていた肩書きで相手が動くと勘違いしがちです。そうならないように社内のスタッフに対しても、Ｗｉｎ－Ｗｉｎの関係を意識しましょう。

また、会社の売上を伸ばしていくために力を持っている人に可愛がってもらう必要があるかもしれません。

ところが、人に可愛がってもらうような態度の取り方は、会社勤めをしているうちに学ばないと、なかなか難しいものです。

起業家は大きな資本がない分、人間力が大きな財産となります。

起業をすると、今までの分を取り返そうと、自分一人の利益の追求に走ってしまう人が多いのですが、そういう人は長続きしませんし、また、そういう起業家からは周りに人がいなくなってしまいます。

何よりも「あいつがやるなら応援してあげたい」と思われるような人間になるのが大切だと思います。

稼ぐ人は、会社の肩書き抜きで付き合える人

5項　孤独になると失敗する

「経営者は孤独だ」とよく言います。事業がうまくいっているときは問題ありませんが、事業が立ち行かなくなったときに一人で起業していると、継続する意欲が萎えてしまいがちです。

会社にいれば、仕事がうまくいかなくなっても収入は毎月きちんと確保されます。ところが、会社を辞めると、仕事がうまくいかなくなったら収入が即途絶えてしまいます。すると妙に不安になったりします。ちょっと振込がないだけでも取引先に当たり散らす人もいます。

そういうとき精神的な支えになる人がいると心強いものです。

たとえば、事業パートナーの存在があると励みになります。

私もそうでしたが、私の周りでビジネスを軌道に乗せている人の多くは、二人以上で事業を始めています。個人事業主とはいえパートナーがいれば、事業上の悩みも話せますし、事業の展開についても相談することができます。これが精神的な支えになってくれます。

重要なのは、一人にならないことです。

どんな事業であっても、成功と失敗を繰り返すものです。経営者はそのたびにはい上がらなければなりません。ところが、一人ぼっちになってしまうと、はい上がる気力を失ってしまうものです。

もちろん、事業を継続する上で、家族の理解も重要です。家族は事業パートナーと並ぶ起業に際しての大きな柱です。家族との関係がギクシャクしてくると、ビジネスが一挙に崩れてしまうケースが多いのです。

会社を飛び出すと、愚痴は家族ぐらいしか聞いてくれません。ですので、会社を辞める際は家族の協力が不可欠です。協力を得るためには、家族が納得できる説明をした上で、絶えずコミュニケーションを欠かさないことがポイントになります。

家族の納得を得る際、最大のテーマはやはり収入です。

サラリーマン時代は、毎月決まった金額が会社から支給されますが、会社を辞めれば毎月決まった収入はありません。まったく収入がない月もあれば、いつもの数倍ある月もあります。

「自分は覚悟ができていたが、奥さんは寝耳に水だった」なんて話はよく聞きます。

収入が心細くなってくると、平穏だった家庭生活もギクシャクしてきます。自分に自信がなくなれば、家族の何気ない一言や行動にカチンと来て、ムシャクシャしたり、傷ついたりすることになります。こうなると、仕事だけでなくプライベートもうまくいかなくなり、気持ちが休まる場所がなくなってしまいます。

お金の価値観のズレがないように、起業をする前には、家族とお金の価値観についてきちんと打ち合せておく必要もあります。

何だかんだと言っても収入は結婚の大きな要素のはずです。将来、会社を飛び出して収入が激減したときに、家族がどういう反応をするのか、今一度確認しておくことが大切だと思います。

稼ぐ人は、パートナーや家族の理解を得ている

6項　メンターを見つけよう

メンターとは、精神的なものを含めた指導者、教育者という意味があります。自分より先にいろいろなことを経験している相談相手みたいな人をメンターに持っている人は、精神的に強い人になれると思います。

一般的にメンターというと、尊敬できる人や天上のようなところに住んでいる近づきがたい人を想像しがちですが、そういう人は逆にメンターになりにくいものです。

メンターとは、年齢的にも経験的にもあまり離れ過ぎている人ではなくて、もっと身近な存在なのです。

というのは、身近な存在でなければ、気軽に仕事について教えてもらえる機会もありません。身近な存在なら実際に話を聞くだけでなく、やり方を直接見る機会も得やすいものです。

私の周りにも、メンターを持って成功した人がたくさんいます。

たとえば、ホームページ制作会社のある社長は、起業家同士の集まりでメンターを見つけました。たまたまメンターである人が人材を募集していたときに、その応募を見て入社したのです。

彼は、そのホームページ制作ビジネスの現場で、仕事を一から覚えたそうです。その際に、ホームページ制作の仕事だけでなく、「どうやって仕事を取るのか？」「仕事を拡大するにはどうすればよいのか？」など、ビジネスの展開の方法も聞いたそうです。事業が軌道に乗った現在も、よい相談相手になっているようです。

このように、メンターは独立しても会社で仕事を続ける上でも心強い存在です。自分にいい刺激をくれる人、自分が困ったときに相談に乗ってくれる人、そういう人を探すために、勉強会に訪れる人も少なくありません。

もちろん、メンターは身近な人でなくてもいいと思います。自分が迷ったときに、進むべき道を照らしてくれるなら、本でも有名人でもいいと思います。

稼ぐ人は、メンターを持っている

7項 自力本願

本田技研工業の創業者・故本田宗一郎氏は、著書の中で成功について次のように述べています。

「自分のことを成功者と言ってくれるのはありがたいが、自分ひとりでは何もできない。何千、何万もの協力者がいたからだ。協力者がいなければ成功なんてありえない。私がもし、あえて自分のすぐれた点を探すとすれば、他の人の立場、気持ちを考えて仕事を進めたこと、そして多くの人にかわいがられ、協力してもらえたことではないだろうか」

偉大な起業家の多くは、「絶対成功したい」という不屈の精神とともに「成功は他人のおかげ、失敗は自分のせい」という謙虚さを持ち合わせています。

この謙虚さは、人を動かし、売上を拡大していく上で重要なファクターとなります。

人間力が弱くても、有能でさえあれば年商1億円くらいならかろうじて上げられるかもしれません。しかし、これを超えてくると、どうしても人の助けが必要になります。ところが、単に有能なだけで人間力が弱い人には、部下がついてこなくなります。まして、「成功はすべて自分の手柄。失敗はすべて部下のせい」という考え方の人には、誰もついてきません。

自力本願の考え方は、資本が少ない駆け出しの経営者にとっても、お金をかけずに、自分の考え方次第で用意できるものです。ぜひ身につけていただきたいと思います。

私の知り合いで、この考え方であっという間に年商2億円の売上を上げた飲食店オーナーがいます。普通、飲食店の経営と聞くと、店長兼オーナーをイメージすることが多いと思います。ところが、Tさんは開業当初からオーナー業に徹することにしました。そのためには、店長やスタッフなど現場の人間に、自分の考えている通りに動いてもらわなくてはなりません。

一般に、飲食店は売上が下がると店長をはじめとしたスタッフの入れ替えを頻繁に行います。しかし、Tさんは、失敗を他人になすりつけず、売上が下がった理由を自問自答して真摯に考えたそうです。立地、視認性、サービス、お店の雰囲気など、すべてを自分の問題として捉え、そこから接客業としての基本サービスの徹底、スタッフの教育に力を入れていきました。

Tさんは「オーナーの仕事は、スタッフに気持ちよく働いてもらうこと」と言っています。常にコミュニケーションを取り、ときにはスタッフと忘年会や新年会なども行うそうです。

なかなかビジネスが軌道に乗らないと、どうしても外に問題を探しがちです。しかし、Tさんの事例でもわかるように、問題は外にあるわけではありません。内にあるのです。さらに突き詰めれば、自分の問題であることが多いのです。


他力本願な働きぶりでは、会社の中で働く場合でも出世は望めないでしょう。それでも、会社という組織に守られているうちは路頭に迷うことはないかもしれません。しかし、このような考え方では、会社を飛び出したとたんに路頭に迷うことになるでしょう。

心のベクトルを自分に合わせておかないと、会社を飛び出したとたんに失敗する可能性は高くなるでしょう。

稼ぐ人は、失敗はすべて自分のせいにする

8項　見積書、契約書はきちんとつくる

起業してビジネスを行うときに、重要な書類が「見積書」「契約書」です。今までサラリーマンとして、顧客から「見積書を出して欲しい」と言われたことは何度もあると思いますが、会社を辞めれば、これも自分で出すことになります。

見積りは、投資をしたヒト・モノ・カネに対して、どれだけのリターンを見込めるかを数値で表したものであるべきです。どんな小さなビジネスでも、自分の時間とお金を費やした成果物に対して、どれだけのリターンを見込むのかをきちんと決めておかなくてはいけません。

ところが、経験がないと簡単ではありません。特に、会社に勤めていると自分のビジネスを過小評価しがちです。たとえば、自分の投下した時間やお金のことを一切忘れてしまい、結局、相場を大きく下回るタダ同然の見積りを出してしまうことも多々あります。

始めたばかりであっても、自分の仕事はボランティア活動などではなく、立派なビジネスだという自覚を持つべきです。

ビジネスであれば、そこにどれだけ経営資源が投下されていて、どれぐらいのリターンを見込むのかまで盛り込むべきです。もちろん、一般的な相場を見込むのも結構ですが、仮に自分のやっていることがオンリーワンの存在なら、一般的な相場の観点からだけではなく、独自の価格を設定することも可能です。

また、取引をする際には契約書を、そこまで行かなくても書面を交わしておくべきです。どのくらいの納期でやる、などをあらかじめ決めておいたほうが、後々問題にならずに済みます。口約束だけですと、ひとたび問題が起きたときに、「言った言わない」の水掛け論に発展しがちで、将来に対して禍根を残すこともしばしばです。取引を行う際には、基本的には契約書を交わしてから始めることがベストです。

ただし、一部の業界では、いまだに契約書を取り交わして取引を行う商習慣を持たないケースもあります。そうした業界の商習慣も加味しつつ、できるだけ契約書を取り交わす方向で検討したほうがいいと思います。

稼ぐ人は、

見積書、契約書をきちんとつくる

9項　売上は人が持ってくる

私は日頃から、起業家や起業を志す人を対象に様々な交流会を催しています。その活動で気になるのが、なかなかほかの参加者と交流しない方がいることです。

初めての人に出会っていろいろな話をするのはなかなか難しいとは思いますが、そのような光景を見るにつけ、非常に「もったいないなぁ」と感じます。

なぜなら、人に出会うことは売上を得ることだからです。

多くの経営者が人に会うのは、人と出会うことが売上に繋がることを知っているからです。人に会っていると、本当にいろいろな話が飛び込んできます。

もちろん、残念ながらその大半が儲けに結びつくわけではありません。

しかし、そのうちの何割かは「おっ、面白そうだな」と思うのもあるものです。

それを実際にやってみたところ、どんどん儲かってしまい、以前行っていたビジネスをやめてしまったという話はいくらでも耳にします。

まさに「儲けは人が持ってくる」です。だから、経営者は人脈を大事にするのです。

そもそも、新しいビジネスは「自分の中で思いつき、それを実現するために必要な人を探した」というような、アイデアありきよりも、「この人に会ったらこういうことができるというので、面白そうだから一緒にやることにした」というように、人ありきが多いのです。

このような活動を繰り返すことで、新規事業ができていくのです。

ところが、中には人脈を単なるステータスだと勘違いしている人がいます。こういう人は、

「有名な○○先生の名刺を持っています」

「約500人の名刺を持っています」

「人脈が多すぎて、毎年年賀状を送るのが大変です」

などと言って、悦に入っています。これでは、人脈を本当に活用しているとはいえません。「名刺はもらったけれど、それだけだった」ということになりかねないのです。著名人の名刺を大事にとっておいても、どれだけ名刺の数を増やしても、それだけでは絶対にいいことなど起きません。

「いろんな人と知り合うことで、新しい仕事が始まる」ことに価値があるのです。

このあたりは、今、会社に勤めている人には、わかりにくいことかもしれません。自分

のビジネスを持っていなければ、仕事を頼まれることは、面倒な仕事を引き受けることに繋がるからです。

すると、人に会いながら頭の中はいつも「どうやって断ろうか」という後ろ向きな考えになってしまうのです。


なお、人脈を金脈として活かすなら、自分が「相手のお役に立てないか」を意識しながら交流することです。

たとえば、

「私はシステムエンジニアで、Ｗｅｂ制作のノウハウを相手に提供できる」

「経理部にいて、帳簿のつけ方や領収書の整理の仕方などがわかる。経理全般のサービスが相手に提供できる」

「営業部でトップの成績だ。モノを売ってくるノウハウは相手に提供できる」

「販促関係の仕事をやっていてチラシをいつもつくっていた。チラシづくりのノウハウならば相手に提供できそうだ」

などです。

誰にでも自分の得意分野があるはずです。それを、相手を喜ばせるために活用できないかと考えるのです。

予想以上に相手に喜ばれたことで、自分の特技や自分が持っているものの価値に気づかされることがあります。人は自分の特技には鈍感なものなのです。

たとえば、「Ｗｅｂページはつくってあげるので、その代わりにＷｅｂ制作代行の営業をして欲しい」「経理サービスのビジネスを展開したいので、チラシ作成をお願いしたい。その代わりに御社の経理を担当したい」などです。

このようにして、人脈を通して売上が上がってくることで、次第に交流会が宝の山に見えてくるはずです。

稼ぐ人は、人との出合いをお金に変える

10項　会社のネットワークを活用しよう

人脈を金脈に変えるには、人との〝繋がり〟を意識することが大事です。そのためには、自分の長所や欠点に気がつくことが大切です。

〝繋がり〟をつくるには、自分の長所を活かして周囲に貢献することや、自分の欠点を補うために仲間に助けてもらう必要があるからです。

しかし、会社勤めをしている人の中には「自分の仕事以外は関わりたくない」というスタンスの人も少なくないようです。

確かに自分の仕事、目の前の仕事だけに集中できるという点は、会社勤めのいいところだと思います。

でも、このような姿勢では会社を飛び出してからはつとまりません。仕事には、業務外に経理や人事の仕事、ほかにも様々な雑用があるものですし、そもそもほかの人の仕事に興味が持てないという後ろ向きな姿勢では、自分と対等の外部の人間（主要取引先・顧客・パートナーなど）とうまく付き合うこともできません。

そこで、人との〝繋がり〟をより意識するために、会社にいるうちからネットワークを積極的に活用しましょう。

会社には本当にいろんな人がいるものです。絵が上手い人、おしゃれなレストランなどに詳しい人、パソコンの使い方、ネットの設定の仕方について詳しい人、プレゼン資料をつくるのが非常に上手い人、ある業界について非常に詳しい情報を持っている人、経理が得意な人、ファイナンスの知識に精通している人など。

そうした人たちとネットワークをつくるというのは非常に重要です。

このような人たちとうまくネットワークをつくっていくコツは、自分の長所を活かして積極的に貢献することです。そして、わからないことがあれば知ったかぶりをせず、ことあるごとに相手を頼りにしてしまうことです。

そのためには、自分の長所や欠点を知っておくことが重要なのです。

最初は頼むことから始めて、徐々に前述したような自分にもメリットがあり、相手にもメリットがあるような方法（Ｗｉｎ－Ｗｉｎ）で依頼していくのがポイントです。

いろいろな人にお願いをしているうちに、自然と自分の社内ネットワークができあがってきます。

第2段階は、

「このジャンルだったら、○○課の□□さんが得意」

という、リストをつくっておくことです。

リストをつくっておけば、何か上司や取引先から頼まれて、自分のキャパシティーを超えている問題でも、すぐに解決できる相手を探すことができます。

さらに、そのネットワークリストを見続けていると、このメンバーで何か新しいことができそうな気がしてくるはずです。

もしかしたら、自分のネットワークで新規プロジェクトを立ち上げることができるかもしれません。

こうしたネットワークをつくっておけば、日常業務の処理も早くなるだけではなく、起業した後の外部の人間との付き合い方の訓練にもなるのです。

稼ぐ人は、会社のネットワークもムダにしない

11項　会議・コミュニケーション力を身につける

最近、ビジネス誌やWebメディアなどでコミュニケーション力を扱った特集が非常に多くなってきています。

上司と部下との人間関係に始まり、会議のときの話の進め方など、様々なビジネスシーンでの相手との関係の築き方がクローズアップされています。

会社の中でほかの人との関係を築けるか否かで、独立してからの成功や失敗が分かれます。

コミュニケーション力は、すなわち人間力であり、会社にいる間に伸ばせる能力の一つです。

では、どうしたら高いコミュニケーション力を身につけることができるのでしょうか？

一つは、環境に「反応的」にならないということです。自分の置かれた状況ばかりに目を向けず、もっと周りを見るということです。

独立した人の中には、自分の野心をむき出しにしている人がいます。たしかに、事業を成功させるためには、「絶対に事業を成功させたい！」という不屈の精神が必要です。

しかし一方で謙虚にならないと、自分の話をして終わるだけの周りの見えない人＝コミュニケーション力の低い人になってしまいます。

コミュニケーション力の低い人は、一対一の関係であっても、自分の話しかしないなど、自分のことにしか目が行かない人です。

最近は、プレイングマネージャー（自分も現場で働きながら、部下を指導・監督する）が当たり前になってきて、部下との関係を築くのも一苦労だという上司も多くなってきたのではないでしょうか？

こういう上司も状況に〝反応的〟な人が多く、ともすれば、人間関係がギクシャクしがちです。

一方、コミュニケーション力の高い人は、環境に対して〝主体的〟に働きかける人が多いといえます。

人と話す際にも、その人から何か自分のためになる話を聞き出してやろうと考えている人、会議においては、参加者同士の発言を促して、うまくその人たちの知識を引き出して、新しい見方、新しいアイデアを生み出そうとします。

会議などで参加者同士からいろんな知識、知恵を引き出して、うまくそれを新しいカタチにする人を「ファシリテーター」といいます。

このような役割を演ずる能力は、一朝一夕で身につけられる能力ではありません。特に、独立すると人と会議をする機会は少なくなるので、独立してからこの能力を習得するチャンスはなかなか巡ってきません。

ですので、会社にいる間にコミュニケーション能力を学んでおくべきです。

相手を楽しませる、相手に不快な思いをさせないことがコミュニケーション力の要です。たとえば、メールのマナーなどは会社にいる間にきちんと鍛えておきましょう。メールは便利な道具です。昨夜名刺交換した初対面の相手に、いきなり電話をするのは気が引けるという人も多いと思います。また、先方が忙しくて、用件をうまく伝えられなかったということもあるかもしれません。

しかし、メールであれば、相手はヒマなときにメールを読めますので、初対面の相手に対して気軽に連絡を取ることができます。

ただ、メールにおけるマナーは、常識でわかるものと、そうでないものがあるのも事実です。このようなネットにおけるマナーは、会社にいる間に身につけておけば、人間関係をよりスムーズに進めることができます。

ビジネスマナーという点では、サラリーマンから起業家になった人のほうが、社会常識を兼ね備えたまともな人が多いようです。初歩的なことなのですが、接待の席での座り方、タクシーへの乗り込み方、おじぎの仕方など、ビジネスで本当に基礎的な部分は、最初から起業家という人の中には、得意ではない人が結構います。

ところが、世の中の大半の人は会社に勤めていることを考えると、当然、取引相手がサラリーマンということが少なくありません。

また、資金調達は経営者の重要な仕事ですが、銀行員も投資家もサラリーマンです。彼らとの付き合いの中で、基本的な社会常識が身についていないという理由でマイナスになる場合もあります。

会社は、ビジネスマナーの訓練をお金をもらいながらできる場所です。

基礎的なマナーは、ぜひ会社にいる間に学んでおくことが重要です。

稼ぐ人は、コミュニケーション能力が高い

column

新しいツールに乗る

人間力を鍛えるには、出会いや交流が不可欠です。その出会いや交流が、ここに来て大きく変わろうとしています。

少し前なら、人脈を広げるには、交流会に参加して名刺を配り回るとか、勉強会に参加するなど、対面で会う方法が一般的でした。

しかし、こうした活動はコロナ禍で下火になりました。私が定期的に参加していたコミュニティーの中にも、外出制限の期間中に多くが開店休業となり、そのまま、なし崩し的に消滅したものが少なくありません。

反対に、むしろ活動を活発化させたコミュニティーもあります。Ｚｏｏｍを活用したコミュニティーです。交流の場をいち早くＺｏｏｍ移行した会は残っています。

対面ではないので不自由さがありますし、細かいニュアンスも伝わりにくいといえます。

「それでもやらないよりはまし」というスタンスで続けたコミュニティーが多くありまし

た。彼らとの交流は、コロナで人に会えない中での貴重な交流として、むしろ活性化しました。

やってみればわかることですが、Ｚｏｏｍのミーティングは対面の劣化版ではありません。もちろん、対面に比べて不自由さもありますが、それに替えて余りある利便性もたくさんあります。

たとえば、遠方の人や海外の人なども参加できます。また、移動時間が不要です。そのため、出席率が高くなるのです。さらに会場の確保なども必要ないので、主催者の負担が小さくなります。ニュアンスにも慣れますし、ニュアンスを伝えやすくする独自の手法なども確立し、それを教える人たちも現れました。

そんなわけで、今後もＺｏｏｍでの交流を続けたいとか、対面と両方継続したいというコミュニティーも現れています。コロナ禍の暫定対応のつもりで始まったＺｏｏｍによるコミュニケーションが定着しつつあるのです。

こうした新しいコミュニケーションツールが登場すると、必ずアンチが現れます。彼らは「細かいニュアンスが伝わらない」とか「会うから意味がある」などと言います。中には、使ったこともないのに印象だけで語る人もいます。

私が参加していた勉強会の中にも「会わないなら、やらないほうがマシ」と、対面にこだわって、かたくなにＺｏｏｍ対応しなかったコミュニティーがあります。そういうところは、多くが予想以上に長くなった外出制限の中で忘れられ、消滅しました。

実は、同じようなことがこれまでもありました。

たとえば、今ではビジネスツールとして定着したメールも、登場した当初は懐疑的な人が多かったのです。「文章ではニュアンスが伝わらない」とか「文字をキーボードで入力するのは面倒」などといって「ビジネスには不向き」と考える人が多かったのです。

しかし、本当によいものなら、人間のほうが適応していくものです。不便なところは、新しい技術やサービスが登場してそれを補っていくものです。だから、まずやってみるという姿勢が大事です。そして、制約の中でも、少しでも成果が得られるように工夫してみるべきです。それが稼ぐ人の考え方です。

コミュニケーションツールの怖いところは、取り入れないと知らずに仲間から取り残されてしまうことです。現に、スマホを使わず、かたくなにガラケーにこだわった人たちは、付き合いの輪から外されていきました。最初は、親切な人がガラケーユーザーのために連絡していましたが、やがて取り残されてしまうのです。

これからも、新しいコミュニケーションは登場するはずです。そのとき、食わず嫌いをせず、まずは使ってみることです。そして馴染んで親しんで、使いこなすことです。むしろ、率先して取り入れて、主導権を握るくらいになることです。

これこそが、稼ぐ人に不可欠な人間力を育む上で、きわめて重要なことだと思います。

第3章

お金力を鍛え直せ——お金力

稼ぐ人は、自分のビジネスが
どのように儲けに繋がっているかを知っています。
また、売上に繋がるお金の使い方も知っています。
お金力を鍛えれば、収益を最大化することができます。

1項　儲けのツボを知らないと失敗する

起業とは「投資」です。

投資の始まりは「カネ」です。

カネがなければヒトも雇えないし、モノを購入することもできません。でも「カネの話は品のないこと」と考えたり、カネの話ばかりする人は下品だと嫌ったりする人もいます。特に会社勤めをしている人にそういう人が多いようです。

「儲け」という言葉を嫌う人すら少なくありません。

しかし、本来カネはビジネスの根底を流れる血液です。カネがなければ始まりません。ビジネスパーソンとはビジネスをする人ですから、カネの話に最も敏感にならなくてはいけません。

カネを継続的に生み出し、それを新たな事業に再投資していくというのがビジネスのあり方です。

そのためには、自分のビジネスの中に「儲けのツボ」（＝キャッシュポイント）をつくらなくてはいけません。

会社勤めの人がカネの話をしなくても済むのは、会社という組織の中で、自分以外の誰かが考えてくれているからです。

自分でビジネスをするなら「どうすればカネを生み出すことができるのか」「どうすればカネがなくならないようにできるのか」という、カネに対する感度を研ぎ澄ますことが重要です。

私が起業を志す人によく言うのが「儲けるツボを知ろう」ということです。しかし、残念なことに、これからまさに起業をする人の中からも「どこでお金を儲けるかわからない」ビジネスネタが飛び出します。

儲けのツボには、いくつかパターンがあります。たとえば、セミナーを開催して儲けようと考えるなら「受講料で儲ける」「受講料を無料にして、来場者に教材など別の物を売って儲ける」「受講料を無料にして、来場者に勉強会などに参加してもらい参加料で儲ける」と、思いつくだけで三つ以上の儲けのツボが思い浮かびます。

どんなビジネスでも、このように「どこで儲けるのか」を考えておく必要があります。

そうしないと、会社を辞めても必ず失敗します。ところが、起業志望者の多くが、

「楽しいからこのビジネスにしました」

「将来有望だからこのビジネスにしようと思いました」

「唯一、自分にできることなので、このビジネスを選びました」

ということ以外に考えが及びません。

もちろん、「好きなこと」「できること」「有望なこと」をビジネスにすることは大切です。しかし、それだけでは、起業した後、またたく間にお金がなくなり、失敗します。

「何をやるのか」と同様に、「どこでお金を儲けるのか」をしっかり詰めておかないと、ビジネスは必ず失敗します。

「そのうち儲かるだろう」とか「いずれお金を払ってくれる人が現れるだろう」と成り行き任せにしていてはダメなのです。

セミナーの教材を売って儲けようと考えているなら、「教材をいくつ売れば黒字が出るのか」そのためには「来場者が何人必要か」がわかります。来場者の人数が決まれば、「どのくらいの広さの会場を用意しなければいけないのか」そのためには「会場費がいくら必要なのか」などの計画を立てることができます。

しかし、儲けを意識していないと、計画も行き当たりばったりになりがちです。セミ

ナーともなれば教材が必要です。きれいな装丁でかっこよく仕上げたい。大きなホールを貸しきって、大々的にやりたいなどを考えて、いろんなところにお金をばら撒きます。これでは、いくら儲かっているのか、いくら損しているのかわかりませんし、わからなくなれば資金繰りにも窮して、最後は倒産に至ってしまいます。

反対に「できるだけお金は使いたくない」とばかりに、会場費も教材の制作費もスタッフの人件費もケチれば、来場者の満足度を大きく下げてしまいます。

「何をやるか」だけを考えて満足してしまう人が少なくないですが、それだけでは継続的にお金を生み出すことはできません。

稼ぐ人になりたいなら、ビジネスの根底に流れる血液であるカネを生み出すために、頭を絞らなくてはいけません。

稼ぐ人は、儲けのツボを知っている

2項 ビジネスの成功要因（Key Factor of Success）を探せ

自分がやろうと思うビジネスであれ、会社のビジネスであれ、利益を上げるツボが必ずあるはずです。それを「主要成功要因」といいます。

小売業なら販売機会のロスを減らす、イベント設備業ならば設備の稼働率を上げるなど、自分の会社でも必ずこの主要成功要因があるはずです。稼ぐ人は、このあたりの感覚が研ぎ澄まされています。

稼ぐ人になりたければ、日常生活の中でも、そういう点に目を光らせておくべきです。たとえば、キャバクラで遊んでいるときにキャバクラビジネスのＫＦＳ（Key Factor of Success）を見出し、自らオーナーになった人がいます。『ＭＢＡ流キャバクラ経営術』を書いたサイモン・Ｂ・カワシマさんです。彼は、大手の小売店に勤めていた経験を活かし、共同経営者と一緒にキャバクラのオーナーになり、年商約５億円、年収５０００万円を２年で達成しています。

キャバクラと小売業は一見すると共通点などないように思われるでしょうが、彼はそこに共通点を見出し、事業を成功させたのです。その最大の共通点は「在庫管理」でした。キャバクラはキャストの人件費がコストの大部分を占めています。そのため、人件費をいかに低く抑えるかが利益を残せるか残せないかのポイントです。

つまり、お客さんが少ない日にキャストが多く出勤している状態は、小売業でいえば、売れない在庫をいつまでも抱えていることと同じ。逆にお客さんが多い日にキャストの休みが目立つのであれば、欠品状態（マイナス営業）です。前者の状態が続けば利益が少なくなりますし、後者の状態が続けば、お客さんは店から離れていってしまいます。

こうした分析から、販売機会のロスを減らすことが売上を上げる戦略だと見抜いたサイモンさんは、1年間、毎日欠かさず店の来客数を調べて、過不足なくキャストの人数を揃えるようにして、事業を成功に導きました。

ブロードキャピタル・パートナーズのCEO、折口雅博さんも、六本木のディスコクラブ「ヴェルファーレ」の経営をしていたときに、平日の設備稼働率が業績を左右するポイントであることを見抜き、稼働率を上げるために、低価格のキャンペーンを売ったり、女性は無料にしたりと様々なユニークなプロモーションを行ったそうです。

会社勤めをしている人なら、日頃から自社や取引先はもちろん、新聞記事などで見知った会社、日頃利用している会社などのＫＦＳを見極める訓練をしておくことが稼ぐ力を鍛えます。

また、「自分の仕事のパフォーマンスを上げるものは何か」を考えてみるといいかもしれません。

たとえば私はサラリーマン時代、自分のＫＦＳが起床時間にあると考えていました。金曜日に酒を飲んでしまうことが、週末を寝て過ごす原因になっていることも往々にしてあるでしょう。あと1時間早く起きていれば、すべての行動がうまくいったのに、1時間遅く起きたことで、渋滞に巻き込まれた経験は誰でもあるはずです。

「売上を上げる、効率を上げる要諦は何か？」を探ることは「稼ぐ力」を養う上で非常に重要なのです。

稼ぐ人は、KFSを知っている

3項　事業計画書（ビジネスプラン）をつくってみよう

自分がこれから行うビジネスの完成図に当たるのが事業計画書（ビジネスプラン）です。稼ぐ力を鍛えたいなら、事業計画を書くことに慣れておくことをおすすめします。

事業計画書を書くというと、大変なことのように思われるかもしれません。ビジネスプランの書き方に関する書籍も売られていますが、どれも投資を募ったり、融資を受けたりすることを目的とした、本格的なものばかりです。そして紙面も、いかに見栄えをよくするかというポイントに割かれています。

しかし、事業計画をつくる最初の目的は、相手に説明することではなく、自分の頭の中のモヤモヤを整理することです。

自分の頭が整理できるなら、ノートやメモ帳に書く程度の簡単なもので結構です。それでも、紙に書いてカタチにしてみることで、自分がどういうビジネスを望んでいるのかがよくわかりますし、励みにもなります。

書くことは、次の三つで十分です。

①何を売るか？
②誰に売るか？
③どうやって売るか？

さらに余裕があれば、③をさらに細かく、お客さんのニーズを満たすためにマーケティングの４Ｐ（プライス、プロダクツ、プレイス、プロモーション）を考えてもいいかもしれません。プライスは設定料金、プロダクツは商品や製品、プレイスはモノを販売する場所、プロモーションは販促のことです。

事業計画書ができれば、自分のビジネスの完成図ができたようなものですから、今度は完成図に向かってどのような段取りを組んで、それを実現化すればいいのかを考えることができます。

たとえば、世に出たい若手起業家を対象に自分ブランドの構築を手伝うコンサルタントとして起業しようと思ったら、次のように書けばいいわけです。

何を売るか？＝自分ブランドをつくり上げるためのノウハウ

誰に売るか？＝若手起業家
どうやって売るか？＝クチコミ、ホームページ

という具合です。自分で事業計画書を書き出すと、本当に商売として成り立つのかどうかがわかりますし、様々な不備が見えてきます。

思いついたことをバンバン書き足していったり、ほかの人に見せて意見を聞くなどして、その都度修正していきます。修正したものが当初考えていたものとはまるで変わっていることもあるでしょう。自分のビジネスがイメージでき、「これなら大丈夫だ」と思えるまで、徹底的に練ることが大切です。

さらに、本格的な事業計画書をつくりたいなら、日本政策金融公庫の国民生活事業が用意している「創業計画書」がおすすめです。これには、ビジネスの立ち上げに必要な項目が、モレなくダブリなく記されています。同公庫のホームページの「各種書式ダウンロード」から記入例やフォーマットが無料でダウンロードできます。

稼ぐ人は、事業計画を書くのがうまい

4項 自分のサービスの値付けができない人は失敗する

独立したばかりの人の中には、自分が提供するサービスに対して値段を付けていない人が結構います。

「お金をもらう＝困っている」というイメージを抱く人が多いのか、カッコをつけて「お金は結構です」と言ってしまうのかもしれません。そういう人は失敗します。

稼ぐ力を磨きたいなら、会社にいるうちから自分のサービスの値付けをしておくべきです。

会社にいると意識しませんが、ビジネスとは本来「価値があるものにはお金を払う。価値を提供したらお金をもらう」ものです。そういう発想がないと、ビジネスは成り立ちません。

ビジネスを立ち上げたばかりの頃は、起業家の集まりなどに出向いてほかの起業家と出会ってビジネスに繋がることがあっても、仕事をタダで引き受けることが多いようです。もちろんタダ働きがすべて悪いという意味ではありません。たとえば、Ｗｅｂ制作の仕事をやることで制作実績がつくれるとか、後でその会社からメンテナンスの仕事など、より大きな仕事をもらいたいなどと明確な意図の下でやるなら問題ありません。これならタダ働きにも意味があり、価値があります。しかし、単に「お金の話を切り出しにくい」という理由だけで、対価を求めないのは問題です。

お金の話がしにくい理由は、おそらく自分が提供した価値に対してお金をもらう習慣がないからです。

会社に雇われているうちは、自分が提供した価値に対してお金をもらうというよりは、特定の時間、会社に拘束されることに対してお金をもらっています。会社でバリバリ働こうが、のんびり働いていようが給料は基本的には同じです。そのため、価値に対して対価を求めるという発想を持ちにくいのです。

しかし、本来ビジネスである限り、自分の提供する価値には、それに見合った経済的な価値を求めるべきです。

なお、提供した価値に対して対価を求める場合、業種によっては工夫が必要になります。

たとえば、私の行っている経営コンサルタントは、成果がかたちに残らない典型的な仕事です。そのため、お金をもらうことが難しい職種です。かたちが残らないのをいいことに、まったくお金を払おうとしない人もいます。

対策としては、あえて目に見える成果物をつくることです。たとえば指導をしたらその過程をしっかりと記録しておき、レポートや議事録として提供する、などです。

なお、自分のサービスに値段を付けられないなら、最初は相場に準じればいいと思います。私の場合、経営コンサルタントの相場を参考にしました。

「一度、値段を設定したらもう二度と価格を変更できない」と考える人がいるかもしれませんが、そんなことはありません。

現に多くのコンサルタントが、著作の有無や知名度に応じて報酬を変えています。メディアで取り上げられた実績や経験、ビジネスの拡大に応じてコンサルタントとしての価値が上がれば、報酬が上がるのは当然です。

また、ビジネスの対象に合わせて値段を変えることも可能です。

オーナー経営者とサラリーマンでは値段に対する考え方が一桁違います。サラリーマン感覚で5000円のものなら、オーナー経営者に対しては5万円が値頃感です。理由は、経営者とサラリーマンでは実質的な可処分所得がまったく異なるからです。

一方で、自分のビジネスで新たに市場を創出することもあると思います。

たとえばYさんは、風鈴の音を音楽に取り入れたところ、非常に評判がよかったので、それをCDとして販売しました。すると、全国から注文があったと言います。

それまで風鈴を取り入れた音楽などまるでなかったわけですから、価格をどうやって設定するかもわからなかったといいます。

彼の場合、当初は自分のホームページで、BGMをフリー素材として提供しました。すると、自分のホームページにデジタルメディア編集者、劇団、映画関係者などが集まってきました。曲を欲している具体的な顧客像が見えてきたといいます。

そこで、自分が作曲したフリー素材のCDをつくり、1枚1000円で販売したそうです。売上は毎月数千円から数万円の間を行き来していたといいます。

しかし、これではビジネスを拡大することができません。そこで考えたのが風鈴を自分の音楽に取り入れることでした。ヒーリングというマーケットに自分の音楽を集約させることができたのです。こうした付加価値を付けることによってCDの販売価格を約3倍に上げることが可能になり、売上も格段に上がりました。

このように、市場規模やビジネスの発展の度合いによって自分のビジネスに値段を付けられるという能力を養うことは非常に重要なことだと思います。

稼ぐ人は、自分のビジネスに値段を付けている

5項　自分のビジネスを薄利多売にしない

金銭感覚は人によって違うので、「これはちょっと安すぎる」「これはちょっともらい過ぎ」など、人によって様々な意見が出てきます。

私が経営コンサルタントを始めたばかりの頃、ある企業に赴いて半日の研修を行ったときに、講師料として5万円もらったのですが、もらった当初は申し訳ないと思いました。なぜなら、サラリーマンのお小遣いは1カ月5万円です。数時間話をしただけで、それと同額をもらえたので「ちょっともらい過ぎかも」と思いました。しかし、相手からすれば、大の大人を半日も拘束して、5万円では申し訳ないと心苦しく思っていたようです。

このように、立場や人によって金銭感覚というのは異なるので、相手に合わせた料金設定をすることも大事なことです。

では、自分のビジネスの適正価格はどうやって求めればよいのでしょうか？

私は、マーケットの大きさや自分の提供するサービスにどのくらいの価値があるのかという観点から考えています。たとえば、小冊子の販売を例にとって説明します。「ビジネスのノウハウをまとめた小冊子を原価200円でつくりました。定価は500円に設定しました。儲けは300円です」

これでは、効率よく稼ぐことができません。商品一つあたりの利益率は高いのですが、金額が小さいために、相当数売らなくては大した儲けになりません。

そこでこの小冊子を通信教育の教材にすることにしました。小冊子に質問書を3枚付け、CDを付けて一セット3万円で販売することにしたのです。

小冊子3万円と言われれば払う気は起きませんが、通信教育3万円であれば決して高くはありません。

出版社の規定で原稿料が決まるライター業も、自分の収入を増やそうと思えば、数多くのページを書かなくてはいけません。これでは時間の切り売りになってしまいます。

そこである方は、出版社から仕事を取れるという能力を活かして、ライターを紹介するビジネスを考案しました。

さらに、自分で企画から出版、製本、配送まで一括して行う出版社のビジネスをつくることができれば、同じ時間で、あらかじめ決められている原稿料の数倍を稼ぐことも可能です。

個人レベルの事業でビジネスを行っているうちは、薄利多売のビジネスは難しいものです。なぜなら、ほかよりも安くビジネスを行う薄利多売で相応の利益を上げようと思えば、数をこなさねばならないからです。当然、人を雇ったり、設備投資をするなど、それなりの投資が必要になります。

いずれにしろ、あらかじめ決められた常識や相場に縛られるのではなく、できれば自分が提供する商品の値段は自分で決めたいものです。それを堂々と請求するために、相手が納得するかたちに商品をアレンジするとか、納得してくれる相手にだけ売るとか、いろいろと考える余地があると思います。

これを、あれこれ考えることが、稼ぐ力を磨くことに繋がります。

稼ぐ人は、意味もなく薄利多売はしない

6項　今いる会社の儲けのツボを探そう

儲けのツボ（＝キャッシュポイント）は、今、皆さんがいる会社にも必ずあるはずです。たとえば、不動産会社は、仲介料はほんの数％しかありません。そのため、モデルルームをつくったり、広告宣伝を行ったりして、広告代理店のような事業をしてお金を稼いでいることもあります。

人材派遣の会社であれば、仕事先を登録者に紹介する紹介料だけでなく、採用ページのコンサルティングや制作の代行を行ったり、研修の代行費用で稼いでいるケースもあります。

コピー機のリース料がタダ同然ということがありますが、彼らはカウンター料金やトナー代、紙代などの消耗品で稼いでいるのです。

また、よくこんな広告を目にすると思います。

「豪華な別荘に無料で泊まることができます。そのほか何の支払い義務も発生しません。ただ一日、数時間だけ別荘の説明をさせてください」

このような広告を出す会社も、別荘を買いそうな人の名簿が集められると思えば、別荘の宿泊料など安いモノだと思っているのです。

稼ぐ力を鍛えるなら、このように儲けのツボを探す眼力を養っておく必要があります。

その際、最良の研究材料が自分の会社や自分の会社と取引がある会社です。

このように、研究材料の幅を広げていけば、会社勤めの立場を活かして儲けのツボを発想する発想力を鍛えることができます。

会社勤めが長くなると、何ごとも受身の姿勢になります。自分の会社が、どこで利益を得ているかすらわかっていない人もいます。

この間もこんなことがありました。私のところに、出版の企画書を持ってきた方がいました。本の趣旨は非常に啓蒙的で立派なのですが、売れそうにもなかったので、残念ながら出版は難しいだろうと助言しました。ところが、その方は、

「非常に意義のある本だから出版社は出すべきだ」

と一点張りで譲らないのです。

もちろん、出版する意義もわかりますし、世に出たら素晴らしい本になるとは思います。

しかし、売れるのかと問われたら難しいと答えざるを得ません。

いくら意義があったとしても、出版社にとって、本を出すことは一つのビジネスです。慈善事業ではないので、売れない本を出すはずがありません。

子どもがこのようなことを言うのなら理解できますが、曲がりなりにもビジネスパーソンと呼ばれている人が、このようにビジネスを度外視した発言をすることに呆れました。

稼ぐ力を鍛えたいならどんなときでも「儲ける、キャッシュを得るにはどうするのか？」という視点を持つことが絶対必要です。

稼ぐ人は、
自分の会社の儲けのツボを知っている

7項　最初に失敗のラインを決めれば、恐れはなくなる

すでにお話ししたとおり、起業とは投資です。

投資である以上、成功もあれば失敗もあります。稼ぐ力を鍛えるには、失敗を想定し、失敗に備えることが大切です。

多くの人が「失敗したらどうしよう」と恐怖心を抱き、結果的に行動そのものを頭から否定しようとします。これは、大変残念なことです。失敗もあり得ることがわかっているのですから、失敗に備えればいいだけです。

失敗に対して必要以上に恐れを抱くのは、最悪の事態が明確でないからです。

「失敗したらすべてを失ってしまう」と思っている方がいますが、これは誤解です。決してすべてを失うわけではありません。

よくテレビドラマなどで、事業に失敗した人に借金取りが押し寄せるシーンなどが描かれますが、あれは極端な例です。

もちろん可能性はゼロではありませんが、そのような事態を恐れるなら、そうならないように備えればいいだけです。あのようなケースは、失敗した場合の最悪の事態まで想定せずに借金をして、事業資金に注ぎ込んでしまうから起きるのです。

ビジネスを立ち上げるのにはある程度お金がかかります。

しかし、最初に計画を立てれば、失敗した場合に失うものはある程度予測できるはずです。それが自分の許容範囲なら始めればいいし、そうでなければ許容範囲に留まるように考え直す、それだけです。

自分が何を失敗とするのかを明確にしておくことも重要です。

たとえば300万円借金し、3年で元手が返済できなければやめよう、などです。

これを決めておけば、事業を撤退する勇気も出ます。

採算が合わないビジネスから手を引くことも、起業家にとって重要な仕事です。

ところが、失敗のラインをうまく引けず、撤退のタイミングを逃す人もいます。そうなると、失敗が自分の許容範囲を超えて、大ケガをします。

反対に元手を消費感覚で捉えていると臆病になり、身動きができなくなります。

たとえばフランチャイズの飲食店を開店すると、研修期間のスタッフの人件費や光熱費などは全部自分持ちになります。最初は収入がまったくないのに、1カ月に数十万円、数百万円単位で貯金通帳からお金がどんどん減っていくわけです。

フランチャイズビジネスに限らず、多くのビジネスの立ち上げには元手が必要ですが、これがどんどん出ていくことに、多くのサラリーマンは耐えられないようです。

たしかに、数千円、数万円単位でやり繰りしていた消費感覚では考えられないお金が出て行くわけですからその気持ちもわかります。

しかし同時に、ビジネスが軌道に乗れば、1カ月に数百万円単位の利益を上げることも可能になります。

いったん、お金を手元から離して、将来数倍にして取り返す。この感覚が持てるかどうかが、稼ぐ人とそうでない人の大きな違いです。

手元に300万円の元手があるとします。それを、成功する可能性が高いが、失敗する可能性も否定できないビジネスに投じることができるかどうかが、ビジネスを立ち上げることができる人かどうかの分水嶺です。

稼ぐ人は、300万円が自分の財布から出ても、それを3000万円にして取り返すにはどうしたらいいかと知恵を絞り、動ける人です。

「300万円ももったいない。そんなお金があるなら家のローンの頭金になる。車だって買える。美味しいお店で食事でもしたほうがいい」

そう考える人は、稼ぐ力が備わっていません。

たしかに、家を購入すれば、キレイで広い生活空間は確保されるでしょう。車だって、新車が買えます。しかし、家も車も、自分で使っている間はお金を生みません。買った途端に中古になり、価値は大きく目減りします。それどころか、税金やメンテナンスなど、様々な維持費を背負い込むことになります。

美味しい食事も利益を生み出しません。胃の中で消化されて終わりです。

もちろん、人脈を広げるための食事なら投資といえるかもしれません。でも、そのほとんどが後づけの理由によることが多いようです。

将来お金を生み出す可能性のあるものにお金を投資できるか、できないか。

そこがサラリーマンと稼げる人とのお金の使い方の違いだともいえそうです。

稼ぐ人は、いったん、お金を手放すことができる

8項 お金を活かすにはライフスタイルを改善すること

お金の使い方は、その人の「考え方」を端的に表します。

ムダ遣いが多い人は、お金を無計画に使っているケースが多く、お金が入るとすぐに出ていってしまいます。手元に残っている期間が非常に短いので、このお金が目先の欲しいものだけではなく、そのほかにどう使えるのか、じっくり考えるヒマがありません。「欲しいものはすぐ欲しい」という行動パターンが刷り込まれているため、視野が狭くなりがちです。

ところが、自力で稼ぐためには、もっと大きな視野で物事を捉える必要があります。

たとえば、会社は売上を上げるために広告宣伝費を使います。

投資マインドのない人なら、これを自分の生活感覚に置き換えてしまいます。たとえば「新聞に広告を出すと1000万円です」と言われると、サラリーマンは「エッ！　そんなにかかるの」と言います。それはそうでしょう。自分の年収を超える金額を、効果の保証されていないもの、しかもかたちのないものに使うということが信じられないからです。

しかし、それを見たお客さんが商品を買ってくれて、売上が4000万円になり、そこから利益が2000万円出るという目算が立つなら、それは妥当な価格といえます。ビジネスはこういう考え方の繰り返しです。今、目の前にない将来の価値を見ることです。このように言うと、

「そんなことわかっている。俺も会社では億単位の広告宣伝費を動かしている」

という人がいます。でも、所詮は会社のお金です。失っても、自分の懐が痛むことはありません。しかし、自分のビジネスではお金の出所は、自分の財布になります。緊張感は半端ではありません。このあたりの感覚は、株式投資に似ているかもしれません。今は小さな会社だが、世界有数の技術力を持っているから将来伸びそうだと思って買っておけば、何年後かに数倍になるかもしれません。

そのためには、将来を見通す力が非常に重要になります。

いずれにしろ、この将来の価値を買う感覚は、目先の快楽のためにムダ遣いを繰り返しているうちは、絶対に磨けません。そういう人は、まずは体質改善が必要です。

稼ぐ人は、将来の価値を見据えている

9項 コストパフォーマンスを見据えてお金を活かす

稼ぐ力を身につけるには、将来の価値を見通す力が必要ですが、その目を養うには日頃から将来のコストパフォーマンスを考えて計画的にお金を使うことです。単純に「買いたいから買う」という買い方はやめることです。

また、物を買うときは、できるだけ元を取るつもりで買うことです。

たとえば「講演会に出ました。大変勉強になりました」というのは最悪です。そうではなく「どうしたら参加費の元が取れるのか」を考えながら参加するのです。そうすれば、話の聞き方や参加者との交流の仕方も大きく変わってくるはずです。

サラリーマンの自己投資というと人気は英会話や資格取得などです。しかし、これも自分が投資した分、元が取れるのかどうかを判断しながら始めなくてはいけません。

フリマアプリに出品するにしても、

「元々古着だから数枚売れて御の字。大して儲からなくても十分」ではなく、

「出品するなら元を取るだけではなく、自分の人件費に加えて小遣い代も稼がなければ意味がない」という心構えで臨めば、自分が使ったお金が数倍になって返ってくる可能性もあります。

他人におごるのも一つの投資ですが、この場合も「一万円以上の価値のある話が聞けたからおごろう」と考えるのと、単に自分が見栄を張るためにおごるのとでは意味がまるで異なります。

自分が住んでいる住居についても同じです。都心の一等地のワンルーム20万円の部屋を「高い」と考えるか「安い」と考えるかは、20万円という金額では決まりません。得られる時間の短縮効果などで決まります。通勤時間が短縮でき、その間、儲けに繋がる何かができ、その結果20万円の家賃を回収してお釣りが来るなら安いといえます。

このように、お金を使うときは、いつも将来を見据え、ポリシーを持って、コストパフォーマンスを考えながら使うべきです。そうすれば、本当にお金を活かした使い方ができるはずです。そうしたことの繰り返しが稼ぐ力を育むのです。

稼ぐ人は、いつもコストパフォーマンスを考える

10項　ケチはビジネスに失敗する

「お金のコストパフォーマンスを上げよう」と言うと、「先日の飲み会は先輩におごってもらって4000円浮いちゃった。ラッキー」とか「昼食を抜いたから1日1000円の節約だ」など、極端な節約路線に走る人がいます。

しかし、これがお金を活かす行為だと思ったら大間違いです。稼ぐ力を鍛えたいなら、こうしたお金の使い方をしてはいけません。

もちろん節約は大事です。しかし、先輩におごってもらうのが常習になって「おごりたくないから誘われない」となると、もしかしたら先輩から得られる貴重な情報を得る機会が少なくなるかもしれません。その結果、通常業務にも支障をきたすかもしれません。

また、食費を節約することで身体を壊し、高い診療代を請求されたのでは割りに合いません。それをまず理解することが大切です。

ケチは減るお金を抑えることしか頭になく、お金を使ってお金を増やすという発想がありません。

しかし、世の中には「損して得を取る」という考え方もあるのです。

「ｍｉｘｉ」を運営するミクシィ会長笠原健治氏は、日本長者番付に名をつらねる実業家です。彼はミクシィが上場したとき、上場して得たお金を何に使うかと聞かれて「とりあえず貯めておきます」と発言しました。それを聞いた投資家は社長の発言に怒り、かなり批判されました。

会社が現金を留保することは特に投資家からは評価されません。なぜならお金を働かせていないからです。これを資本効率が悪い会社といいます。株価が高く経営状態が良好な会社ほど、資本効率が非常に良いものなのです。

企業の使命は絶えず利益を上げていくことです。お金を会社に貯めているだけでは、わずかな金利以外、何の利益も生み出しません。これでは何のために存在しているかわかりません。また、長期的に見ればジリ貧になってしまいます。お金を貯めすぎていて本業に力を入れなければ、買収の対象になってしまう可能性さえあるのです。

個人も同じです。節約してお金を貯めるのは悪いことではありませんが、貯めるばかりで、殖やす努力をしなければ、お金のコストパフォーマンスは悪くなります。

私も会社にいながら経営コンサルタントを始めた当初、開業資金を早く貯めたくて稼いだお金をほとんど貯蓄に回していました。経営者の集まりや交流会の誘いもできるだけ断っていた時期があります。するとお金は貯まっても、新たなビジネスチャンスに恵まれる機会が減ってしまいました。

これではいけないと思い、それ以降は必ず売上の10%ぐらいは自己投資の費用として予算組みをして、新たな販路、ビジネスチャンスをつくるための再投資をすることにしたのです。

個人の投資としては、自己投資として勉強したり、新しい人脈構築のためにお金を使うことをおすすめします。

ただし気をつけていただきたいのが、こうしたスキルアップには単に「雇われる」ことを目的としたものと「自分で稼ぐ」ことを目的としたものがあるということです。

自分が修得しようとしているスキルが、「会社に自分の姿を大きく見せるために必要なスキル」なのか、それとも「組織がなくても稼ぐことができるようになるためのスキルなのか」を考えながら自己投資をするとよいでしょう。

たとえば、企業の人事担当者なら「衛生管理者」の資格を持っていれば、企業内で重宝されるかもしれませんが、自力で稼ぐことに役立つとは思えません。一方、会計知識を身につけて財務諸表が読めるようになれば、会社の経営状態がよくわかるようになりますから稼ぎに繋がります。だから財務諸表程度は読めるようにスクールに通う、基本的な簿記の知識を得るために簿記3級を取る、などは有効な投資といえるかもしれません。

いずれにしても、資格を取っただけで食べていけることはありません。転職で有利になるといっても、たかがしれています。

「その資格で一体何をしたいのか」までを見据え、本当にその資格で自分がやりたいことの役に立つのかまでを調べた上で、スキルアップへの投資をするべきだと思います。

また、スキルアップには会社が補助金を出しているケースも少なくありません。これも、会社勤めの特権と考え、こうした制度が使えるなら、うまく使って会社勤めのうちにいざというとき役立つスキルを身につけておくことをおすすめします。

稼ぐ人は、稼いだお金の再投資を惜しまない

11項 売上少なめ、経費多めの厳しい見込みで起業する

自分でビジネスを始めるなら、心理的にポジティブであることは大切なことです。しかし、そのポジティブさを事業計画にまで持ち込んで、単なる無計画にならないように注意したいものです。

ポジティブでありながら、クールな目を持ち合わせることが大切です。

自分でビジネスを始める場合、「売上は多めに、経費は少なめに見込む」ことが多くなります。すると、結果的に経費を多めに使ってしまい、会社が赤字になってしまう傾向になります。

独立してすぐに赤字になると、その後の経営にも支障をきたします。

会社の信用力を上げるためにも、次の事業展開のための資本を残すためにも、起業した当初は売上を少なめ、経費は多めの見込みを立てることが大切です。

経営に慣れてくると、次第に売上も利益も正確に見通しができるようになります。不思

議なもので、だいたいこれくらいかなと予想したとおりに売上や利益が落ち着くようになります。

自分のビジネスである限り、経営者にとって〝大損した〟とか〝大儲けした〟というのは、特別な事情がない限りあまりないようです。

日々の経営の中で、年間の売上と利益の目算がある程度正確に立つようになることが、経営者の仕事です。この能力は非常に重要です。

仮に株式を公開したら、予想以上に売上や利益がない場合に怒られるのはもちろんのこと、逆に売上や利益があり過ぎても株主から怒られます。売上や利益の見込みがもっと強気であれば、株価も上がるわけですから当然です。

厳しい見込みと同時に、売上と利益の的中率を高めていくことが、自分の責任の下でビジネスをする者の使命なのです。

稼ぐ人は、売上も利益も正確に見込める

12項　収入の柱をいくつか用意しておこう

一つのビジネスにこだわっていると、そのビジネスが立ち行かなくなったときに自分のビジネス全体が立ち行かなくなってしまいます。それなので、多角化は自分のビジネスを存続させるためにもぜひ取り入れていただきたいところです。

多角化というと、大企業の話で自分には関係ないと考える人がいるかもしれません。しかし、自分で稼ぐ際にこそ多角化は必要になってきます。

稼ぐ人は失敗に備える人です。そのためには選択肢を複数持っている必要があります。

会社勤めのうちから、どんどん自分の仕事に取り入れて欲しいと思います。

個人が多角化するとは、収入の柱を多様化することです。

たとえば、フリーランスで働いている人の多くは、主要取引先だけでなく、様々な取引先を持っています。

理由は、一つの取引先に収入を集中させると、その取引先から取引を断られた場合、一気に収入減に陥り、ビジネスが傾いてしまうからです。

同じように、サラリーマンも今勤務している会社の収入が未来永劫期待できなくなっています。だからこそ、給与以外に様々な収入源を増やすことが大切なのです。

もちろん、だからといって必ずしも副業をすすめているわけではありません。

給与所得者の経験しかない人は、「給与以外にどこから収入を得ればいいのかわからない」と思うかもしれません。だから、少し本業の会社が傾いたりすると、やれ転職だ、資格取得だ、ＭＢＡだという話になります。

しかし、実際には、給与所得以外に稼ぐ方法はいっぱいあります。株式投資も不動産投資も所得を得る方法の一つです。

ところが、サラリーマンの多くはそうした稼ぎ方には目もくれません。

リストラされて給与所得を断たれてしまうと、まず転職を試みます。それでうまく行かないとアルバイトなどの安い仕事に甘んじたり、そのままホームレスになってしまうケースもあります。

いざリストラされてしまえば、株や不動産などのリスクを伴った投資にお金を回すことはなかなかできません。生活資金を確保する必要があるからです。株式や不動産は一朝一タで稼げるものではありません。リターンを得るまでには、ある程度時間がかかります。

いろいろな投資体験ができるのもサラリーマンの特権です。オークションでもアフィリエイトでも何でも結構です。ぜひ給与以外で所得を得る訓練をしておいてください。

その経験があるのとないのとでは、いざというときの心構えがまるで異なります。

ここで訓練を積んでおけば、いざ自分の勤める会社が危機にさらされたときでも自分のビジネスが危うくなったときでも、へこたれずに次の手を探せる人になれるはずです。

稼ぐ人は、複数のビジネスを持っている

13項　専用の銀行口座をつくる

稼ぐ力を鍛えたいなら、ぜひ給与振り込み以外の口座をつくってください。

会社勤めをしていると、給与指定口座に「給与」という名目で毎月一定額が入金されます。そこから住宅ローンや子どもの学費、住居費や光熱費が少しずつ支出されていくのが一般的なお金の流れです。

毎月一定額が入ってくるので、支出の見通しも立てやすく、通帳の記帳をしなくても、何となく収入と支出の管理ができてしまいます。

しかし、稼ぐとはそういうことではありません。自分でビジネスを始めれば、銀行口座に毎月一定額が入ってくることはありません。毎日のようにお客さんから入金があるとか、月末にドーンと大きな金額が入ってくるというのが普通です。

独立すると、収入が不安定になることに対する耐性がなければやっていられません。

ただし、こうした経験は会社勤めのうちはなかなか経験できません。そこで提案をしたいのが、新たに給与口座とは別の口座をつくることです。そしてこの口座の残高をどこまで増やせるか考えてみるのです。ビジネスに必要な支出もすべてこの口座から支払うようにします。

そうすれば、収入が一定でない状態を体験することができます。収入より支出が多いときの緊迫感も実感できます。いつも経営者の頭を占めている「資金繰り」に対する意識も高くなるはずです。ほかにも、収入を得るためにはまず支出を管理しなければいけないこと、やり方次第で得られる収入が大きく変わってくることも実感できるようになるはずです。

稼ぐ人は、給与振込み以外の口座を持っている

会社に勤めている間に、お金がなくなる実感と収入が不安定になる実感、売上を上げるために、まずお金を使う感覚など、経営者としてお金の感性を磨くために給与振込口座以外の口座をつくっておくことをおすすめします。

14項 PL／BSの読み方、税金に詳しくなろう

会社に勤めている間は、自分の給与と支払うお金以外のお金の流れに気を遣わないことが多いと思います。

税金や社会保険、保険や住宅ローンなど、給与天引きや給与口座から自動引き落としされるお金の中身は詳しく知ろうともしませんし、まして自分の会社の財務諸表、特にバランスシートや損益計算書など見たことがないという人がほとんどだと思います。

稼ぐ力を鍛えたいなら、バランスシートや損益計算書の読み方、税金のことを知り、どのように自分の懐にお金が流れてきているのか、一連の流れを知っておくことです。

たとえば、起業家輩出工場と呼ばれているリクルート社では、自分の主張の根拠を数値化することを義務付けていると言います。

大変だと思うかもしれませんが、数値化することで今自分に何が足りないのか、今後どういう戦略を立てれば売上を上げることができるかなど、何事も数値で把握することは独

立してからも役に立ちます。このような思考パターンを会社に勤めているうちから身につけることは、非常に有益です。

たとえば、自分が勤めている会社の社員一人あたりの売上ぐらいは把握しているでしょうか？　それを知っているだけで、自分の働き方に対する意識が変わってくるはずです。また自分の会社がどういう状態にあるのか、同業他社と比べて自社はどうなのかなども知ることができます。

いずれにしても、自力で稼ぐには、いつも自分がどれだけ稼いでいるのかを客観的に数字で把握しておくことが非常に重要です。これを会社にいる間から訓練しておくことで、いざ会社を辞めたときに必ず役に立つはずです。

また、損益計算書（ＰＬ）を見る目を養えば、

「今期の売上高は昨年よりも大きかったのに、販売管理費がそれ以上に大きく、営業利益が減った。何か問題があるのではないか？」

「営業利益に対して特別利益が非常に大きい。所有している他社の株や土地を売却している可能性が高いが、うちの会社は大丈夫か？」

など、会社のお金の状態がひと目でわかります。

貸借対照表（BS）ならば、

「自己資本がやけに大きいけれど、外国資本からTOBをかけられるのではないか？」

「総資産の中でも売掛金がかなりの比率を占めている。この会社ヤバイかな」

など、社内のウワサに右往左往せずに、自分の会社の業績を判断することができます。

このように財務諸表が読めれば、経営を安定させるのに一体何が必要なのか、現在の経営上の問題は何かを数字から読み解くことができるようになります。

このような感覚は、経営者が人一倍強く持っている感覚です。経営者の考え方や行動の意味を理解することになるはずです。

また、税金についても会社勤めのうちは無関心な人が多いようです。なぜならサラリーマンで確定申告をする人は少ないからです。よほど所得があるか、副業しているか、大病を患ったり火事などの災害に遭ったりした人が中心だからです。

一般のサラリーマンは、なかなか確定申告をする機会がありませんから自分の税率がどうやって決められているかすらわからない人が多いのです。

しかし、会社を辞めると真っ先に税金の知識が必要になります。

個人事業主として、青色申告をする場合は帳簿をつける必要があります。借方・貸方に分けて経費を振り分けていく必要が出てきますし、簿記3級程度の知識が要求されることになります。

サラリーマン時代から税金の知識をある程度つけておけば、たいして問題になりません。実際に週末を使ったオークションなどの小さなビジネスや投資を行ってみて、副収入を得たときに確定申告に挑戦してみるのもいいかもしれません。

会社には経理の人間がいて、彼らは税金の知識や帳簿の知識、請求書の書き方などがわかっているスペシャリストです。

会社にいる間に、社内でいろいろな経理の知識を無償で得ることができれば会社を辞めたときに戸惑わないはずです。

また会社にいても、税金の知識があれば周囲から重宝されますし、何より自分の節税対策に有効です。自分のお金に直結する自分ごとですので、モチベーションも上がると思います。

稼ぐ人は、財務諸表や税金の知識がある

column

投資マインドを育む

お金力を鍛える上で重要なのが投資です。「損して得を取れ」と言いますが、ビジネスを成長させるには、投資が不可欠です。だからこそ、投資マインドを育むことが重要なのです。

一番良いのは、自分のビジネスに投資することです。いざというとき、自分のビジネスに広告や雇用を投資できるかどうかで、起業家として成長できるかが決まります。これが上手にできると、伸びしろが大きく変わります。

たとえば、人件費を月100万円使っていると聞いて、「高い」とか「使い過ぎ」と思う人は、投資マインドが不足していると言えます。なぜなら、純粋に支出が100万円ということだけでは、その効果が判断できないからです。「高い」とか「使い過ぎ」とは言えないはずです。仮に100万円使って、50万円の利益が得られるなら決して高くありません。100万円と言わず、200万円でも、300万円でも、資金のある限り使うべきです。

本文中でも述べましたが、自分のビジネスを始めたら、少なくとも儲けの一部は必ず再投資に回すべきです。しかし、最初は怖いはずです。でも、これを避けている限り、ビジネスは成長しません。だから、慣れておくべきです。

ただ、会社勤めをしていると、投資をする機会がありません。だから投資マインドは育まれにくいと言えます。その結果サラリーマンと起業家との間にはどうしても投資マインドに大きな違いが生まれてしまいます。

こう言うと「採用担当をしているので日常的に人にお金を使っています」という人がいます。でも、それでは投資マインドは育まれません。自分の財布が傷んでいないからです。会社で億単位の投資をしていても、自分のお金になると数万円さえ怖いというのが普通です。

誰しも、人のお金は簡単に使えても、自分のお金を使う時は、身を切られるような気持ちになるのです。だから慎重になるのです。だからこそ、鍛えられるのです。

本を読んだり、セミナーに参加したりして勉強することも、間接的には投資と言えます。こういう投資は自腹を切るのが普通です。ただ、気をつけたいのは、勉強は投資の効果が曖昧で、測定しづらいことです。だから、つい自己満足になりがちです。知識ややりがいは得られるので「投資」と言いながら、単なる「消費」になっていることが多いのです。一方、広告を出稿したり、人を雇用したりした場合は、売上が増えなければ得るものは皆無です。お金をドブに捨てたことと同じことになります。そうならないように、真剣にならざるを得ないのです。

いずれにしろ、投資マインドを育むには、とにかく自分のお金を、効果が見えやすく、失敗すれば投じたお金を失うようなものに投資してみることです。自分のビジネスがないなら、株式投資でも、ＦＸ投資でも、仮想通貨、ソーシャルレンディングでも構いません。今は、ネットの取引が普及しているので、パソコンやスマホで情報収集はもちろん、取引さえできます。さすがに仕事中はまずいでしょうが、休憩時間や移動時間などに取引している人は少なくないようです。営業時間外にできるものも増えています。

もちろん、いきなり巨額を投資することは危険です。いつも最悪の事態を想定して、それが許容範囲かどうかで判断するべきです。

繰り返しますが、投資には慣れと訓練が必要です。チャンスが来たときに正しく判断ができるよう、まずは株式投資などで小さな金額から練習しておくことをおすすめします。

第4章

最強・最重要の経営資源は時間――時間力

時間は超・個人事業主にとって一番重要な経営資源です。
時間は１日24時間、誰しも平等に与えられています。
稼ぐ人はどのように割り振りしているのでしょうか？
時間にシビアになることが稼ぐ人への一歩です。

1項　人生の完成図を持つ

仕事をする上で効率的な進め方は、まず完成図を描いてから、次に段取りを考えるという方法です。稼ぐ力を鍛えたいならぜひこの方法を修得してください。

完成図を描いた上で仕事を進めれば、自分のペースで仕事を進めることができます。また、完成図から逆算すれば仕事のモレやダブりもなくなります。思わぬトラブルも事前に察知して避けることができます。

仕事の完成図ができていないと、いつも目先の仕事に追われます。すると受動的な反応しかできません。突発的なトラブルが起きても、そのときに対処法を考えなければならないので、それが新たなトラブルを生むなどして延々とトラブルに付き合わされることになります。**稼ぐ人は、仕事の完成図を描いてから段取りを考えるものです。**

人生も同じです。人生も完成図を描いていないと、毎日を受動的に何も考えずにダラダラと過ごしてしまいがちです。「人生は旅」と表現されます。放浪の旅なら地図は不要でしょうが、目的を持った旅なら地図を手にする必要があります。稼ぐ人は人生という旅においても、しっかりと地図を描き、毎日を受動的に過ごさず、主体性を持って行動する人です。ぜひ人生の中長期計画を立てましょう。特に死ぬまでにどんなことがやりたいのかを、一度考えてみてください。

「今から40年後、50年後のことを考えるのは難しい」という方は、自分の葬儀に参列している様子をイメージして、自分がやった足跡を辿ってみるという方法を採ってもいいかもしれません。

私の知人は、自分の死亡記事をつくり、ホームページや名刺の裏に公表しています。自分の葬儀を思い浮かべて、参列者からどんな弔辞を述べて欲しいかを考えてみると、自分がやりたいことが次々と出てくるものなのです。

このように、物事をゴールから考えることは非常に大切です。今の生活の延長上から考えても、本当に自分がやりたいことは出にくいものです。与えられた制約の中でしか発想できず、現状を肯定するだけになってしまうからです。

まず完成図を考え、そこから逆算することにぜひ慣れていただきたいと思います。

稼ぐ人は、完成図から考える

2項　完成図に到達するための段取りを考える

完成図を描いたら、次に現状を認識します。そうすることで完成図とのギャップを見つけることができます。

たとえば「まずは一人で独立して、将来は株式公開会社の社長になりたい」と考えながらも、現状が会社勤めなら、そこには埋めなければならない大きなギャップがあるわけです。まずは、独立に向けた準備が必要でしょう。そのためには、独立に必要な資金を貯めるとか、起業のネタを探すとか、仲間を探すとかが必要になってきます。

このあたりのプロセスを認識した上で、一つひとつ潰し込んでいくことが大切です。

ただ「将来、株式公開会社の社長になりたいなぁ」と、うわ言のように言っているだけでは、いつまで経っても独立開業すらできません。

完成図をつくる最大のメリットは、このように現状と理想のギャップが具体的にわかること、さらにそのギャップを解決する具体的な方法が見えてくることです。

いきなりゴールにたどり着こうとしても、結局「何もしない」という結論に行き着いてしまうのが関の山です。

そこで、やらなければいけないことを一通り書き出してみましょう。

「いつまでに増資をする」

「いつまでに社員を増やす」

「いつまでに事業規模を拡大する」

など、問題を細分化してください。

すると、10年単位でやらなければならないこと、1年単位でやるべきこと、1カ月単位、1週間単位、1日単位……と、どんどん縮めていくことで、今日やるべきことが見えてきますし、毎日やるべきことを見失うことがありません。

また、それを着実に実行していくことで、夢に一歩ずつ近づいている実感が持てればモチベーションも上がります。


「毎日やることが決まっていたら息が詰まってしまう」

と考える人がいるかもしれませんが、「ローマは一日にしてならず」というように、大事業も小さなことの積み重ねでできるのです。

たとえば「株で億万長者になろう」と考えたときに、いきなり一攫千金を目論むのは現実的ではありません。しかし、元手が1万円でも、1日2％ずつ勝ち続け、繰り返し元金と利益を投資していけば、1年間で約1400万円にもなるのです。これを数十年間続ければ、億万長者も夢ではありません。事実、ビル・ゲイツとともに毎年長者番付に記載されているウォーレン・バフェットは、少ない利率でも勝ち続けたから巨万の富を築くことができたのです。

時間を味方にすることが、稼ぐ人の必須条件です。

そして、自分がするべきことを向こう1年くらいに落とし込めたら、積極的に手帳のスケジュール欄に書き込みましょう。

それを月単位に落とし込んだら月間スケジュールに、週単位に落とし込んだら週間スケジュールにして、最後に日々の行動までに落とし込んだら完成です。

こうして、毎年年頭に自分の願望を書き込んで、それを眺めるだけでも自分の完成図に近づくことができるのです。

稼ぐ人は、1日単位で自分のやるべきことを理解している

3項　早起きがビジネスを制す

ビジネスパーソンにとって最も重要な資源が時間です。

特に小資本でビジネスを立ち上げる場合、「ヒト」「モノ」「カネ」の三つの経営資源の中で、一番調達しやすいのはヒト＝自分です。自分を経営資源として使うことで、モノやカネの劣勢を補うのが、小資本の起業です。

問題は、会社に勤めているうちは、勤務時間中の時間的制約が大きくなることです。自分のビジネスに最初に投入できる経営資源は自分しかないわけですから、与えられた時間をどのように使うかで、稼ぐ力を大きく伸ばせるか伸ばせないかが分かれてきます。

そこで、時間捻出が重要になるのですが、一番簡単な方法が早起きです。

「早起きをしてもせいぜい2時間ぐらいしか捻出できないのでは？」

というご意見も多いかと思います。しかし1日で考えればたったその程度ですが、1日2時間を1年間続けると、なんと730時間の時間捻出に繋がるわけです。サラリーマンの年間の勤務時間は、だいたい1800時間といわれていますから、普段働いている時間の約3分の1ぐらいは早起きによって捻出できるわけです。

また、早朝は一日の中でも非常に質のよい時間です。それは早朝の2時間と日中の2時間を思い浮かべればすぐわかることです。

【早朝の2時間】

・余計な電話や仕事を頼まれることがない
・ほとんどの人が寝ていて静か
・まとまった時間を確保できる

【昼間の2時間】

・電話やメールが多かったり、上司から仕事を頼まれる
・皆が起きているのでいろんな音に満ち溢れている
・しなければいけない仕事があり、細切れの時間しか確保できない

見比べれば、早朝がいかに密度の濃い時間帯かよくわかります。

早朝は、仕事へのモチベーションを上げるのにも最適です。

私は、資格試験の受験勉強を会社勤めのときにしました。朝早く会社近くの喫茶店に行くと、すでに多くの人が勉強していて、とても刺激になりました。

また、早朝は誰よりも一歩早く動いている感じがして、前向きにもなります。ところが、夜だと疲れきっていてなかなか身が入りません。また、人にとり残されているような感じがして、後ろ向きになります。それどころか酒の誘いも多く、「自分のやっていることは、人間関係に支障をきたしてまでやるべきことなのか」などと、信念を貫くことが難しくなります。

物事を前向きに考える上でも、早朝を活用するようにしましょう。

稼ぐ人は、

早朝を有効活用している

4項　早起きするための技術

早起きはビジネスに有効ですが、習慣にすることは簡単ではありません。しかし、低血圧で朝起きるのが苦手だった私にもできたので、誰にでもできると思います。

早起きを習慣化することができたのは「目的意識」を持ったからです。たとえば、大好きな釣りやゴルフへ行く、家族とディズニーランドへ行くともなれば、不思議と朝早くても目が覚めるものです。「4時に起きて勉強する」などの目的意識をきちんと持っていれば、潜在意識が起きていて、自然と目は覚めるのです。

ところが「起きられない」という人に限って、目的意識が希薄か、またはまったく持っていないことが多いようです。まずは、きちんと「○○のために○時に起きる」ということを紙に書いたりして、強く意識することが必要です。

もちろん、早起きを習慣にまで進化させるには、それだけでは足りません。**重要なのが、「早起きのインセンティブ制度」を設けることです。**人間、目の前にあるインセンティブのほうが、最終的な目的より自分の行動をコントロールしやすいのです。

私の場合は、早起きをすることで通勤地獄から解放され、電車に座れることがインセンティブになりました。何でも結構です。朝一番に会社近くの美味しいコーヒー店で一番高いコーヒーを頼むとか、早く起きられたことのご褒美として、1カ月に一度、自分に好きなものをプレゼントするなどです。

「早起きをしたご褒美に〇〇がもらえる」

というインセンティブ制度を自分の頭の中に設けることで動機付けるのです。

そして、何といっても意識改革が効果的です。昔、ある方が「何時に起きても眠いのは同じ」と言っていました。これは名言で、私はこの言葉一つで、それ以降眠いことも我慢できるようになりました。

また、習慣化するのには時間も必要です。ある本には「21日間、つまり3週間続ければ習慣になる」と書いてありました。とにかく3週間続けてみましょう。そうすれば知らない間に習慣化しているはずです。

稼ぐ人は、

早起きする技術を知っている

5項　時間あたりの生産性を高めよう

第3章でコストパフォーマンスを高める話をしましたが、稼ぐためには時間のパフォーマンスを高めることも大切です。

限られた経営資源である時間をうまく活用するには、二つの方法があります。

一つは「時間を捻出し時間の量を増やす」方法。

たとえば、細切れ時間や早朝の時間を使うことがこれにあたります。

もう一つは「時間あたりの生産性を高める」方法です。

独立すると、報酬は費やした時間に対する時給でなく、成果に応じて支払われるようになります。そのため「いかに時間をかけずに効率的に仕事をするのか」に最大限の注意が向くようになります。

会社に勤めていると、報酬が成果とダイレクトにリンクしていないために、何となくだらだらと仕事をしてしまうことが少なくありません。仕事が終わらないために残業になってしまい、ずるずると会社に残っている人も多く見受けられます。これでは、限られた資源である時間をムダ遣いしていると言わざるを得ません。

時間あたりの生産性を高めて仕事を処理することが、時間を有効に使う秘訣です。

では、時間あたりの生産性を高めるには、どんな仕事の仕方をすべきでしょうか？　よく、仕事を早く終えようと何も考えずに仕事に取りかかる人がいますが、これはかえって時間のムダになります。いつまでに終わるのか予測できませんし、次々とやることが増えて、そちらに気を取られるうちにだらだら仕事をしてしまうのです。結果的に時間が足りなくなって残業をするハメになり、いつまで経っても終わらず生産性を上げることができません。

前出の仕事の完成図をイメージし、そこから逆算して仕事の段取りを考えることを習慣にすれば、時間あたりのコストパフォーマンスはどんどん上がり、仕事の効率はかなりよくなると思います。結果的に稼ぐ力に繋がっていきます。

仕事は、まず完成図をつくってから動くこと。これは会社を去ろうと残ろうと、稼ぐ力をつけるために必須の仕事の進め方なのです。

稼ぐ人は、時間あたりのパフォーマンスが高い

6項　時間を買えるようになる

時間に対する意識を高めるには、仕事の完成図を描いたら、それに向かって効率的に仕事を配分することです。こうすれば、通勤電車の細切れ時間が貴重だということにも改めて気づかされるはずです。

しかし、アイデアを創出する、重要な企画を立てるなど「細切れ時間でなく、まとまった時間が欲しい」と考えることも出てくるものです。とはいえ、まとまった時間を捻出することは、日常の業務で仕事が詰まっているサラリーマンにとっては難しいかもしれません。

そこで時間をお金で買うことも必要になってきます。

よく雑誌のマネー特集で節約の記事を見かけますが、そこでも稼げる人、食べていけない人とでは考え方に差が出るなぁと思うことがあります。たとえば、「通勤電車で帰宅するときに、いつもグリーン車を利用していたが、それをやめて節約することにした」という節約術があります。

たしかに数千円のグリーン車代は浮いたかもしれません。しかし、グリーン車ならまとまった時間を手にすることができるのです。グリーン車を利用すれば確実に座ることができ、通勤電車を書斎化することも可能です。つまり、その時間を将来の投資にあてることができるのです。目先のグリーン車代の数千円をケチるあまりに、それをはるかに超える利益を生み出すビジネスチャンスをふいにしてしまうかもしれません。

このように、節約のメリットばかり追う人は、節約のデメリットに目が向かなくなるものです。

特に、お金を節約するために時間を浪費するようでは本末転倒です。

お金は貯金できますし、後で取り返すことができますが、時間は貯めておくことも取り返すこともできないのです。

また、独立した方の中にも、月数万円のシェアオフィスを借りることをしぶり、自宅でビジネスする人がいます。たしかに、シェアオフィスもコストだけに目を向ければ高いかもしれません。しかし、ひとたびメリットに目を向けてみればどうでしょう。

「家族に邪魔されずに、自分の時間を取ることができる」

「プライベートと仕事の区切りをつけることができる」

「すぐに仕事に取りかかることができる」

「打ち合せのために、人が出向いてくれる（移動の時間がなくなる）」

などです。

「まだ売上も上がっていないうちから贅沢だ」という考え方もあるかもしれませんが「売上を上げるために借りる」という考え方もできるのです。

時間を買うメリットが理解できないのは、時間に役割を与えていないからです。まとまった時間ができても、これといってすることがなければ時間の大切さを感じることはありません。

「どうせグリーン車で寝るだけだったら、普通車でもいいや。節約にもなるし」と考えるのはごもっともです。

稼ぐ力を鍛えるには、時間の価値を知る必要があります。

お金で買える時間なら、むしろ積極的にそこにお金を投じることも考えるべきです。

節約は結構ですが、節約にはデメリットもあることに目を向ける必要があるのです。

稼ぐ人は、時間を買うメリットを熟知している

7項　時間の切り売りではお金を稼げない

サラリーマンが副収入を得るというと、真っ先に思いつくのがアルバイトでしょう。最近は、サラリーマンが終業後や、週末にできるアルバイトも増えています。

しかし、アルバイトの多くは時間給であるため、さほどは稼げません。稼働時間しか売上を伸ばすことができないうえ、時給には世間相場があるからです。

稼ぐ力を鍛えたいなら、時給をもらうアルバイトのような、時間の切り売りのようなことはすべきではありません。稼ぐ人は、投じた時間に応じて売上が増えるビジネスではなく、割いた時間とは無関係に売上を増やすことができるビジネスをつくるものです。

実は、高給取りといわれている仕事の中にも時間の切り売りにすぎない仕事がたくさんあります。たとえば医者や弁護士、経営コンサルタントなど、世間では高給取りといわれる仕事にも、自分の時間の切り売りにすぎないことがあります。

自分が働かないと1円にもならない点は、アルバイトと変わりません。それでも彼らが稼げるのは、専門性が高いために時間単価が高いからです。ところが、いわゆるアルバイトは誰でもできる仕事であるために、時間単価も低く抑えられています。時間の切り売りであるばかりか時間単価も低いのでは、いくら働いても稼ぐことはできません。

独立すれば、最初は一人です。そのため、はじめのうちは何から何まで自分でやらなくてはなりません。しかし、売上の上昇に応じて人を雇ったり、外注を頼んだりして、少しずつ「考えること」や「決めること」の比重を増やしていくべきです。人を使えれば、その分もっと重要な仕事に自分の時間が使えるようになります。

会社勤めをしているうちは、自分の裁量で〝考えたり〟〝決めたり〟することは、権限がないために限界があるかもしれません。しかし、可能な範囲で時間を切り売りしない工夫をするべきです。**社内の人間や外注先を使ったり、業務をシステム化したりするなどいろいろとできると思います。稼ぐ人とはこういうことができる人です。**

会社勤めのうちから自分の時間の価値を知り、できるだけ安売りしないようにすれば、独立開業してからの時間の使い方が変わってきます。

経営者の時間の使い方が変われば、当然ビジネスの伸び方も変わってくるはずです。

稼ぐ人は、
「自分の時間を切り売りしない」

8項　他人の時間をいただいて、自分の時間を数倍に増やす

誰でも1日の持ち時間は24時間です。その時間を何倍にも増やすためには、他人に自分の仕事を頼むべきです。

稼げる人は、総じて他人を使うのが上手です。

逆に「他人に頼めない」「説明するのが面倒」「自分でやったほうが正確で安心」と考えている人ほど、稼ぎの天井が低いところにあります。稼ぎはすぐに頭打ちになります。

とはいえ、時間が大切なのは誰にとっても同じです。

そこで、人に働いてもらうにはコツがあります。

たとえば「人がどうすれば協力したくなるか」を熟知しておくことです。私が日頃から心がけているのは、たとえば、

- 成果には正当な報酬で応える
- 口出しはせずに、失敗の責任は自分が取る
- 他人からの依頼で、自分の時間を消費しないものは喜んで引き受ける

などです。

サラリーマン時代は社内の人間にお金を使って仕事をしてもらうことができないので、そのほかの工夫で他人に動いてもらう力を鍛える練習ができます。

実は、お金で人を動かすことには、限界があります。人はお金だけで動くわけではないからです。だからお金が自由に使えるようになっても、人を自由に動かせるようになるとは限らないのです。

では、何が人を動かすかというと、たとえば「仕事に対する興味」があります。

「この仕事が面白いか」とか「この仕事にやりがいがあるか」など、優秀な人ほど仕事に対する興味が「仕事を引き受けるかどうか」の判断基準になる傾向があります。

なので、人に仕事を頼みたいなら、日頃から相手の関心を理解し、相手が興味を持つ仕事を用意しておく必要があります。

日頃から誰が何に関心があり、どんな仕事を頼めば引き受けてくれるのかに、関心を持つべきです。

また、一度仕事を依頼したら「あまり口出しをせず、自分がすべての責任を取る」という態度が大切です。

途中でいろいろ口出ししても、成果が自分の思い通りにならない場合が多いからです。それなら、気持ちよく主体性を持って仕事をしてもらったほうが、結果的によいものができます。

さらに、頼んだ人の性格や雰囲気、その人の熱意などから「この人だったら一緒に仕事をしたい」「この人だったら助けてあげたい」と思わせられるかも大きく影響します。意識して笑顔をつくるなど、自分が発する雰囲気にも気を配り、人柄に磨きをかけることが大切です。

なお、第2章でもご説明しましたが、人に頼むときの鉄則は、他力本願ではなく自力本願であることです。

「成功は他人のおかげ、失敗は自分のせい」と考える度量があって、はじめて人はついてきます。ひいては、そういう人が稼ぐ人になるのです。

稼ぐ人は、他人の時間を自分の味方につける

column

24時間365日の時間割

最強・最重要の経営資源は、時間です。

自分でビジネスをやる場合、会社に比べればヒト・モノ・カネといった経営資源は限られます。一方で、時間は誰にとっても平等です。経営資源が豊富なら、それを補うために、たとえばお金で時間を買うこともできますが、最初は難しいのが現実です。だから、時間に対して人一倍シビアになるべきです。

時間を有効に使うとは、裏を返せば、時間をムダなことに使わないということです。特に、稼ぐ力をつけたいなら、稼ぎに繋がらない非生産的な活動は極力排することです。時間は誰にでも平等なのですから、いかに自分の時間を稼ぐ活動にあてられるかで稼ぐ力は決まるのです。

というと、あくせくした守銭奴のように聞こえるかもしれませんが違います。休息時間や友人や家族などの人と交流をする時間、心を豊かにする趣味の時間などもしっかり確保するべきです。それも、人間力やコミュニケーション力というかたちで、間接的に稼ぎに繋がるからです。排除したいのは、何も生まない無目的な時間や、やりたくないのにほかの人の指示命令でしぶしぶ動く時間など、むしろマイナスの影響のある時間です。

こうした時間が入り込むのは、自分で主体的に動いていないからです。それを防ぐには、場当たり的でなく、計画的に行動することです。

といっても「計画的に過ごす」と心に決めただけでは不十分。それをサポートする仕掛けが必要です。

仕掛けといっても、特別なものではありません。誰もが当たり前に使っているものを工夫するだけで、時間を主体的に使えます。

たとえば、私はGoogleカレンダーで時間を管理しています。私のGoogleカレンダーは、6時に起床して11時に就寝するまでの間、毎日ぎっしり予定で埋まっています。朝はウォーキングやラジオ体操、朝食など、出社してからはミーティング、メールチェック、企画立案や文章を書く時間、人前で話すなど稼ぎに繋がる生産的な活動、さらに休憩時間まで決めてあります。退社してからは、ジムや夕食、入浴、読書まで決まっています。起きている間は、ありとあらゆる予定で埋まっているのです。いわば、24時間の時間割があるのです。そして、この予定は大げさでなく、自分が死ぬまで、すでにびっしり埋まっています。

これを見ると、多くの人が驚きますが、なんてことはありません。自動的に埋まっているのです。あらかじめやることを月単位、週単位、一日単位で決めておき、Googleカレンダーに入れるときに、期限を決めず繰り返し予約をしています。3月末には決算、7月10日には納税などと、年単位で繰り返し入力しています。こうすればスケジュールは自動的に埋まっていきます。

もちろん、この通りに過ごせないこともあります。後からアポイントや仕事の予定が入ることもあります。それらは単発の予定として、すでに埋まっている予定に上書きしていきます。こうすれば、いつ何時も、やることが決まっている状態になります。「次に何をやろうか」などと考える暇はありません。

ここまで時間にこだわるのは、週末起業をしていたからです。その間は、本業と自分のビジネスの両立のために、時間捻出には人一倍苦労してきました。だからこそ、時間に人一倍シビアにならざるを得なかったのです。今は、スマホのアプリも充実しています。これらを工夫して使うことで、時間を有効に活用すべきです。

第5章

始める力・続ける力——継続力

何かを成し遂げるには、続けることが最も重要です。
そして最も難しいことです。
千里の道も一歩から。
超・個人事業主となるにも、一日一日の積み重ねが大切です。
稼ぐ人の「続ける仕掛け」を紐解いていきましょう。

1項 ドラマで見かける起業家は大失敗の典型例？

「事業不振に陥っているのに会社やお店を潰したくないその一心で銀行からお金を借りまくる。そのうち銀行も融資を行わなくなり、家族や親戚からもお金を借り、さらに高利貸しにも手を出す。いよいよ首が回らなくなり一家離散になってしまう」

これは、ドラマなどで見かける自営業の典型的な失敗例です。会社に勤めていてこのようなシーンを見ると、独立することに対して後ろ向きなイメージを持ってしまい、起業をためらってしまうかもしれません。

しかし、このような事態は最悪のケースです。原因は誰にあるのかといえば本人にあります。起業そのものに罪はありません。

稼ぐためには続ける力が大切ですが、これは一つの事業を続けなければならないという意味ではありません。何事にも失敗があります。というよりも、ビジネスは最初は失敗ばかりです。それなのに一つのことにこだわりすぎて、撤退のタイミングを見誤ると、下手すれば人生を棒に振ります。損切りが大事なのは、ビジネスも同じなのです。冒頭で挙げたドラマで扱われるような典型的な失敗例は、失敗を想定せず一つのことを続けることにこだわりすぎて、バランスを欠いたケースの典型です。

なぜ損切りできないかというと、失敗の準備をしていないからです。失敗できない状態で始めるので、始めたことにしがみつかざるを得ないのです。

事業にはねばり強さも大事ですが、失敗の見極めや、撤退する勇気も大事です。それ以上に大切なのは、万が一失敗したときの対処法を用意しておくことです。

失敗に備えることができれば、独立に伴う次のような不安も解消されます。

「定期収入がなくなったらどうしよう」
「せっかく貯めた300万円を事業の失敗で失ってしまったらどうしよう」
「家族を路頭に迷わせることにならないのだろうか？」

このような不安が浮かんでは消えるのが独立です。しかし闇雲に不安がっているだけでは、いつまでたっても不安は解消できません。

大切なことは、万が一失敗したとき自分が失うものを正確に把握すること。そしてその失敗に備えることです。そうすれば、何度失敗しても、再び挑戦することができます。一度失敗したら再起不能になることに挑戦するのは無謀です。かのライト兄弟が人類初の有人動力飛行に成功したのは、草が生い茂った練習場を確保できたからだといいます。失敗しても死ぬことがない環境を整えることができたから、何度でも失敗することができたのです。同じように、いくらでも失敗してもいい環境をつくっておくことが大事です。そのためには、リスクをどれだけ取れるのかを最初に見極めておくことが重要です。

うまくいくかどうかわからないが、やってみたいビジネスがあるなら、会社を辞めずに始める方法もあります。私はこれを「週末起業」と呼んでいます。

ある方は給料で３００万円を貯め会社を辞めずに始めてみて、これがなくなったら一端撤退し、またお金が貯まるまで給料をもらいながら待つと言っています。また、ある方はコンサルタントとして独立したいが、失敗の可能性があるということで、奥様にフランチャイズのお店を開店させ、軌道に乗せた上で独立しました。

失敗を防ぐ方法はいろいろあります。「万が一失敗したらお金がなくなる。だからやらない」ではなく、「万が一失敗したら、最悪どうなるのか」「失敗したときに再起するにはどうしたらいいか」まで考えておくことが必要なのです。

稼ぐ人は、最悪の事態とその対処法まで考えている

2項

「稼ぎは給料だけではない」この簡単な事実を受け止めよう

以前、あるホームレスのドキュメンタリーを見ました。

かつて彼らは、企業に勤めるサラリーマンでした。倒産やリストラで職を失ったことがきっかけで、とうとう家まで失ってしまったのです。

もちろん職を失ってすぐにハローワークに日参し、職を求めました。

しかし、リストラされた人や一度キャリアが途切れた人は、転職市場で雇用を求めるのは困難です。

結局、日雇いの仕事や家族の稼ぎで食い繋ぐうち、疲れてしまったり、家族にも捨てられてしまったりして、家を失ってしまったのです。

印象的だったのは、それでも彼らのうちの誰一人、一度も自力でお金を稼ごうとしなかったことです。まるで誰かに雇われて給料をもらうことが、唯一の稼ぐ方法と思っているかのようでした。

しかし、大きな元手がなければ起業できない世の中ならいざしらず、今どきいくらでも自分のビジネスを立ち上げられるし、いくらでもお金を稼ぐことが可能です。

たとえば、オークションやフリーマーケットサイトを活用したビジネス、自分の特技やサラリーマン時代の経験を活かしたコンサルティング業や業務受託、犬の散歩や買物代行などの便利屋ビジネス、フードデリバリーの配達員など、ほとんど元手がなくても個人でお金を稼ぐ方法は山ほどあります。

雇われることに固執せずに一度でもほかの方法を試してみれば、もしかしたらホームレスにならずに済んだかもしれません。

しかし彼らは家を失うまで、いや失ってからも、雇われずにお金を稼ぐことに目が行くことはなかったのです。おそらく「お金は給料で得るもの」という考えに凝り固まっていたのだと思います。

そうなると「給与をもらえなくなる」恐怖から、行動が後ろ向きになりがちです。後ろ向きになれば転職市場でも不利になるばかりです。

現代は様々な方法でお金を稼ぐことができます。

そのように考えれば、給与所得を失う恐怖はなくなります。また、「起業してみよう」とビジネスを始める力も湧いてくるはずです。

会社に勤めている人は、まず「稼ぎは雇われなくても得られる」ことを知るべきです。

そして、給与所得を確保している間に、何でもいいから試しにやってみることです。そうすれば、自力でお金を稼ぐことはそれほど難しくないことがわかるはずです。

結果的に、給与所得を失うことを必要以上に恐れることもなくなるはずです。

稼ぐ人は、
給与以外の稼ぎ方を知っている

3項 ビジネスを続けることがなぜ重要なのか？

禁煙やダイエットに挑戦したことがありますか？
辛くて結果的に失敗した人も少なくないと思います。
ある目的に向かって一つの努力を継続的に続けていくことは、非常に難しいものです。ビジネスを立ち上げることも、禁煙やダイエットと同様、目的の達成に向けて地道に努力を続ける活動なのです。

このようにいうと、「ビジネス誌に載っている成功者は皆、ちょっとしたアイデアをもとに成功している。すぐに成功できないのは、自分に適性や才能がないからだ」と嘆く方もいらっしゃいます。

ですが、安心してください。前述したように、起業家に適性などありません。そもそも多くのビジネス誌の成功事例は、ちょっとしたアイデアでビジネスが大成功した、と結果論しか書いていないのが普通なのです。

起業して1年ぐらい経って、ようやくわかり始めるのですが、普通はビジネスに目覚ましい成長などありません。自分でビジネスを始めても、すぐに大ブレイクするようなビジネスは、現実として滅多にありません。

自分のビジネスの成果は、一朝一夕で得られるものではありません。長期間にわたる活動の中で少しずつ積み上げていくものなのです。

その過程で、自分の才能が開花したり、自分を取り巻く状況が変わってくるのです。

その結果、あるとき飛躍的な成長を遂げることはあるかもしれませんが、いずれにしても、地道なプロセスを経ているものなのです。

大ヒットした音楽や映画なども同じです。一流の作曲家や映画監督が頭の片隅で温めてきたものが、ちょっとしたタイミングで世に出て大ブレイクする例は枚挙に暇がないほどです。

しかしその裏には、日々の積み重ねられた努力があることを忘れてはいけません。

自分のビジネスの売り込み方もわからない、ビジネスの展開の仕方もわからない、そもそもビジネスをどうやって維持していくかもわからないビギナー起業家は、自分のビジネスを継続していく過程で、ビジネスに本当に必要なものを学んでいくのです。

私自身も、著書『週末起業』はベストセラーとなりましたが、それまでに出版した書籍は散々な結果でした。

一番最初に出版したのは2001年ですが、そのときは版を重ねることなく、初版刷りで終わってしまいました。しかし、その後もあきらめずに週末起業のコンセプトを世に発信し続けました。そんな中、あるとき新書で出そうという話になり、それが時代の要請にピッタリ合って、最終的にベストセラーになりました。

ところが、成果が目に見えてこないと多くの起業家は焦りを感じてきます。すると、ビジネスを始めたときの信念を曲げて場当たり的な解決策を求めようとします。

しかし、そこにはビジネスの持続性や一貫性は見られません。せっかく芽が出始めたビジネスは危機に瀕してしまいます。新しいものに次々と飛びついてもうまくいかないのは、ダイエットや禁煙とそっくりです。

よくあるケースが……

「何の根拠もないが、ラクして絶対儲かるという商材があるから仕入れてみよう」

「今、占いがブーム。この流れに乗るために、うちも事業を多角化させよう！」

もちろん、多角化は自分のビジネスを生き残らせるために必要です。しかし当初の信念を忘れては本末転倒です。一貫性に欠ける行動は、ビジネスの方向性を変えてしまい、何をやっているのかわからなくなります。

自分の事業の売上が下がっていく中、多くの人は焦りから余計なものに手を出してしまいます。流行っているからという理由で時流を追い求めた結果、店名だけではなく、外見からも何を売っているかわからない店をよく見かけます。インターネットの世界にも、こういう店はいくらでもあります。ここでも彼らは同じような末路をたどることになります。

なお、ビジネスの世界で初志貫徹するための方策としては、たとえば自分の好きなビジネスで起業することが大切です。

自分の一番大好きなビジネスで起業すれば、そのビジネスが評価をされなくても、継続して行うことができます。私の場合も経営コンサルタントになりたいと思い続けていたので、他人の評価が伴わなくても気にせずに継続することができました。また、売上を上げるためのアイデアも浮かんできやすいのです。

前出のYさんも、高校時代から作曲活動にいそしんできましたが、プロの音楽家になることはあきらめていました。

しかし、曲づくり自体は社会人になってからも続けていたといいます。その後、自作の音楽をフリー素材として自分のホームページで配信していたBGMが、ゲームやサウンドノベル、CD写真集などのデジタルメディアの制作者や劇団、映画関係者に大ウケしました。

そこからヒーリング演奏家としての道が始まり、最終的には風鈴を自分の制作した音楽に結びつけて一気にブレイクしたのです。皆に受け入れられる方法を一生懸命に考えて試行錯誤した結果が、Yさんの成功を導いたのだと思います。

なお、常に仮説と検証を怠らないことも重要です。

飲食店オーナーであるTさんは、自分の店で新メニューを投入したり、販促物を配ったり、看板を変えたりする際、常に「仮説と検証を繰り返す」と言っています。それは自分のアイデアが本当にお店の売上に寄与しているのかどうかを客観的に知るためです。

客観性のあるデータがあれば、自分の意見に固執することもありません。

続けることは大事ですが、自分の意見に固執することはよくありません。周囲の意見に耳を傾けることで、自分の過ちにも気づくことができるのです。

ビジネスにゴールはありません。常に売上向上を目指してトライ&エラーを繰り返してゆく、それがビジネスなのです。

「ラクして儲かりそうだ」と思ってやって、ちょっとうまくいかなくなるとすぐにサジを投げてしまうようでは、いつまで経っても稼ぐ力は身につきません。

自分のビジネスがうまくいかなかったら、

「なぜうまくいかなかったのだろう？」

「うまくいかなかった本当の原因は一体、どこにあるんだろう」

こうしたことを周囲に尋ねたり、一般の人から調査したりして、いろんな方向から分析して改善をし続けるのです。

自分の信じる方法でうまくいって、実際にお金が入ってきて、それが他人の役にも立つと知ったとき、何物にも換えがたい深い感動や、やりがいを感じることができます。

それを体験することで、自らの稼ぐ力を向上させようというモチベーションに繋がるのです。

稼ぐ人は、続けることの重要性を理解している

4項 目標を決めたら最後までやり遂げる意思を持つ

当たり前ですが、自分の目標を決めたら、決めた目標を絶対必達しようという心構えが重要です。

「今日は忙しいから、いいや……」

という思考パターンが身についてしまうと、目標達成は難しくなります。たとえばブログの更新などでも、一度サボるとずるずるサボり続け、そのままなし崩し的にやめることになります。

会社に勤めている限りは、自分で稼ぐ力を身につけることも差し迫った仕事ではありません。一応、毎月給料が支払われるからです。「今は忙しいから」という理由で先延ばしにしているうちに、次第にやらなくなってしまうことがよくあります。

しかし「緊急性」が低いからといって「重要性」が低いとは限りません。

冒頭述べたとおり、昨今サラリーマンが置かれた環境を考えれば、稼ぐ力の修得は極めて大切です。「緊急性」が高いことに忙殺されるあまり、後回しにしないようにしなければばなりません。

なお、目標達成にはコツがあります。もちろん「最初から達成不可能な目標を決める」ということではありません。これは実行する気持ちが萎えるだけなのでおすすめできません。

前述したとおり、まず長期的な計画を立て、次いで1日単位まで目標を落とし込むことが大切なのです。その際、最初は小さな目標を立てることが大切です。どんな小さなことでもいいのです。「時間を確保するために1時間早く起きる」といったことでも構いません。それを3日間続け、そして1週間、3週間と「小さな成功」の実績をつくります。

そんな小さなことでも「成し遂げた」という実績をつくれば自信に結びつきます。これが次の目標達成への大きなモチベーションになるはずです。

そうする間に、目標を少しずつ大きなものに切り替えていくのです。気がつけば大きな目標が達成できているはずです。

稼ぐ人は、目標を達成する工夫をしている

5項　塗り絵を捨てて画用紙に描こう

会社から独立しても、知らず知らずのうちにサラリーマンと同じような仕事のやり方をしている人が少なくありません。

たとえば、執筆代行や経理・事務代行などの代行業のような業種においてよく見られるのですが、大手企業の下請けに徹して、安定的な収入を保証してもらう代わりに、相手の言いなりになって仕事をしている場合があります。

これは、勤務先という給与の供給源を失う不安から、新しい給与の供給源を求めた結果かもしれません。これでは何のために独立したのかわかりません。

そもそも、仕事を与えてくれる企業が倒産したり、競合他社が現れたりしたときに太刀打ちできません。独立したら、何をやるか、誰とやるかは自分が決めることができるのです。自分のビジネスなのですから、真っ白なキャンバスに、自分の好きなことを、好きなように描けばいいのです。

ところが、会社に勤めていたときのクセで、安定した売上供給の見返りに既存の仕事のお客様にしがみついたり、1日の仕事のやり方にこだわったり、相手の言いなりになって仕事をしている人がいます。これでは、現実には何も変わりません。

独立したら、自分のビジネスを自由に考えて、継続的に稼ぎ続ける方法を見つけなくてはいけません。

もちろん、最初は下請けでも結構ですが、下請けのままでは、十分に稼ぐことはできません。早く下請けから脱することを考えるべきです。

私も最初は、大手コンサルティングファームに登録していましたが、所詮は下請けでした。全国各地のクライアントを回り、診断書を作成しても、かかった時間を時給換算してみると、なんと時給200円にも満たない案件もあることがわかりました。しかも、自分でつくった診断書も、一度納品すると相手のものになってしまい、自由に使えなくなりました。これでは、独立とは名ばかりで、別の会社に雇われたのと同じです。

そこで、第一線で業績を上げている先輩コンサルタントがどのように顧客を取っているかを研究しはじめました。そこで発見したのは、自ら情報を発信し、それを見てアドバイスを求めてきた人をクライアントとする方法でした。私はそれにならって、名刺をつくってばらまいたり、ダイレクトメールを送ったり、雑誌連載の企画を出版社に持ち込んだり、様々な方法で情報発信を始めました。最終的には、自分が発行しているメールマガジンがその後の書籍執筆に繋がっていきます。こうしてようやく、安定継続的な支払い先との決別ができました。「画用紙」に自由に描き始めるようになれた瞬間です。

重要なことは、自分のビジネスについて自分で真剣に考えることです。安定的な収入の見返りに、相手の言いなりになって、相手の都合に合わせて働くのでは、サラリーマンと何ら変わりません。

稼ぐのに決められた方法などありません。法律を守っている限り、自分で考えたオリジナルのやり方で売上を上げればいいのです。

これは会社にいながらでも学べることです。たとえば、自分の所属している部署の売上をどうやって上げればいいかをいつも考え、できることからやってみるのです。考えるだけなら、決定権がなくてもいくらでもできるはずです。いつも考えるクセをつけておけば、会社を飛び出したときでも、自由な発想で稼げるようになれるはずです。

稼ぐ人は、既存のルールに縛られず、自由に発想する

6項　自分を成長させるには、成長している人と付き合うこと

「自分にとって重要なことを優先すべきなのはわかるが、目先の仕事に追われて、つい後回しになる」という人が少なくないと思います。

そういう場合、同じ目的を持った人と付き合うといいと思います。

自分を変えないと結果は変わりませんが、そう思っていてもなかなか変われるものではありません。どうするかといえば、付き合う人間を意図的に変えてみることです。

稼ぐ力を身につけたいなら、稼いでいる人と付き合うことです。

会社を飛び出しても食べていくなら、会社にいるうちから、すでに独立を果たした人と付き合うことです。サラリーマンと付き合っていても、サラリーマン的な発想しかできませんから、いつまで経っても起業的な発想は身につきません。

もちろん、自分よりも一歩先を行っている人と付き合うのは勇気のいることです。

独立後の私は「先生」と呼ばれ、持ち上げられることも多く、今までの経験で対処できる案件も多いので楽に仕事がこなせます。しかし、それでは成長は望めません。

サラリーマンでも同じことです。今さら新しい生き方を模索するよりも、今の生き方にしがみついているほうがずっと楽なはずです。

しかし、それでは成長できません。「成長したい」「何かを成し遂げたい」と思ったら、自分が目指しているポジションの人間と付き合うことです。

このようにいうと「著名人と付き合わなくてはいけないのか」という話になりがちですが、付き合う人は何も著名人である必要はありません。むしろそんな立派な人ではなく、ちょっと自分の先を行っている人のほうがいいと思います。

たとえば、今はサラリーマンだけど将来、起業家を目指したいということなら、独立したばかりの起業家と付き合うのがいいと思います。彼らも苦労して起業したのですから、様々な失敗談、成功談の中から、学べるものがたくさんあるはずです。

起業の苦労話の中には、実際に起業家として体験しなくてはわからないものも多いでしょうが、話を聞くだけでも、「自分もやらなくては」という気持ちにはなるはずです。それだけでも、大きな進歩だと思います。

稼ぐ人は、自分が目指す人と付き合っている

7項　上向きより、前向きでいこう

会社を辞めて自力で稼ぐようになったからといって、それで終わりではありません。それを仕組みに仕立て、その仕組みを継続的に運用していくことが大切です。

前述の通り、売上の一部は必ず再投資に回すことをおすすめします。

たとえば、事務所を借りる、人を雇う、広告宣伝費にお金を使うなど、自分のビジネスを大きくするために経営資源を効果的に振り分けていくことです。

ところが、会社を辞めてビジネスが軌道に乗ると、そこに考えが至らなくなる人も少なくありません。自分が会社に勤めていた頃と同じくらいの給与を、安定的に手にできるようになると、そこで気が緩んでしまう人が多いのです。すると、遊びや趣味にお金を使い果たしてしまうのです。

「そろそろ遊ぶ金も尽きたな」と思ったときには、自分のビジネスも収縮しているという状態になっています。こうなると、再度ビジネスを盛り返すために膨大なエネルギーが必要になります。

また、事業の継続にはいろいろな人に協力してもらうことが重要ですが、ビジネスが軌道に乗るとそこで慢心してしまい、周囲に横柄な態度をとったり、自分の権利ばかりを主張したりという人もいます。

確かに自分が考えたビジネスが当たり、成功すれば気分がいいと思います。しかし、そこで自分に酔ってしまい、客観的な視点をなくしてしまえば、たちまち成長はストップしてしまいます。

「一人でここまでやってきたんだから、すべての利益を独り占めできる権利がある」

「自分はリスクを負ったんだから、もっともらう権利がある」

「自分だけが儲かるオイシイ儲けのネタはないか？」

独立して成功した人の中には、こんな考えにとりつかれている人が少なくありません。その証拠に、インターネットにアクセスすると、自分の手柄を高らかにうたったホームページがいくらでも見つかります。

しかし、そんな人から商品を買いたい人はいないはずです。また、そういう人と本音で付き合おうとは思わないはずです。

そういう人とあえて付き合いたいと考えるのは、その人を「利用しよう」と下心を持っているか、その程度の志の人だけです。気がつくと変な人に囲まれていて、騙されたり、足を引っ張られたりすることが多くなります。やがてジリ貧になるのは目に見えています。

ビジネスは、協力者なしで成り立つことはあり得ません。お客さんはもちろん、スタッフ、取引先、家族など、周りの協力があってはじめて自分があるのです。それを理解せずに、自分さえよければいいという考えでは、ビジネスを存続させることは絶対にできません。

とはいえ、自分のビジネスを存続させることは容易なことではありません。だから、つい自分の利益を死にものぐるいで主張したくなるのもわかります。そういう場合は、ちょっと休んで周りを見渡してみるのも悪くありません。

ビジネスは売上の大小で捉えがちですが、上ばかり見ていると周りが見えなくなります。そうなると周囲との衝突が起こりがちです。

そういうときは、一度落ち着いて周囲を見渡してください。そうすれば、ビジネスは売上の大小だけではないことがわかります。たとえば、お客さんや取引先に喜んでもらうにはどうすればいいのかなど、「上向きよりも、前向きに生きていく」ことの大切さに気がつくことができます。

自分のビジネスはたくさんの協力者で支えられています。いつも前向きに経営していけば、周囲の人もよく見えるし、きちんと前進することができるものです。

理想論のように聞こえるかもしれませんが、ビジネスで儲けること、すなわち稼ぐことができるのは、人を幸せにするからです。つまり、人を幸せにできる人だけが儲けることができます。

反対に、自分の儲けだけを目指したり、儲けることよりも使うことに関心が移ってしまったりすると稼げません。理由は人が離れてしまうからです。こうなると人を幸せにするどころか自分まで不幸になります。

これは、趣味とか主義とかではありません。それを目指さなければ、絶対に稼げないというぐらい大切な基本原則です。

ビジネスを生かすも殺すも、最終的には人です。それがわかる人だけが、稼ぐ世界で生きていく資格を得るのです。

稼ぐ人は、人を幸せにできる

8項　目の前に立ちはだかる壁を突破せよ

稼ぐ人とそうでない人の違いは、目の前に壁が立ちはだかったとき、それを「乗り越えよう」と思う人か「壁があるから前に進むことをあきらめよう」と考えるかの違いです。

ビジネスを始めれば、必ず壁にぶつかります。それは、売上が頭打ちになることであったり、利益が伸び悩むことだったり「もうこれ以上働けない」という状態になることだったりします。

このような壁は「新しいステージへ行け」というシグナルです。

次のステージに行けるかどうか入学試験を課されているのです。自分の考え方を根本的に見直して、脱皮しなくてはいけません。

もちろん「いろいろと手を打っていますが、ダメなんです」ということもあると思います。しかし、壁を乗り越えたいなら、今までの考え方の延長線上で手を打つだけでは十分ではありません。

たとえば、会社を辞めてライターで身を立てようと独立した方がいます。しかし、収入はすぐに頭打ちになりました。ライターの仕事は、1ページあたりの金額が出版社で決まっているのが普通です。どんなによい原稿を書いたとしても、ページあたりの金額が変わることはありません。そして、一人の人間が書ける分量も決まっています。だから、いくら一生懸命に働いても、やがて収入は頭打ちになります。

「方法を考えて、手を打っている」という人は、この条件の中で工夫をしているだけのことが多いのです。

このような働き方をする人は、独立してもサラリーマン的といえます。「仕事をもらう立場」に留まっているからです。仕事の出し手が、上司から出版社に代わっただけです。仕事をもらい、あとはひたすら書くことだけを考えていては、いつまで経っても壁を乗り越えることはできません。

彼は自分が書くのではなく、書かせる立場に「立ち位置」をシフトさせました。

雑誌記事の中身を丸ごと受注し、ライターを集めて仕事をさせたのです。

仕事の請負元である雑誌社はわずらわしい仕事から解放されますし、ライター仲間は仕事が増えて喜びます。自分は書く仕事から卒業でき、以前よりも休みを取りながら収入を増やすことができました。

このように、発想を転換すれば壁を乗り越えることができます。

もちろん、独立すればいつ売上が途切れるか不安です。そんな状況で自分の取り分を他人と分かち合うことは勇気がいることです。

しかし、将来もっと成長するためには必要なことです。あえてそれをやるからこそ、ビジネスをさらに展開させることができるのです。こうして壁を乗り越えるのです。

会社に勤めている間も、同じようなことがあるはずです。たとえば、先輩としては人望があったが、役職に就いて上司と部下の関係になったらうまく指導できなくなったなどということはいくらでもあることです。そういうときは、これまでのやり方に固執するのでなく、ゼロベースでやり方を模索するのです。

こうして壁を乗り越える経験を積むことは、会社を辞めても食べ続けていくときにも、決してムダにはならないはずです。

稼ぐ人は、壁を避けずに、乗り越える

column

続ける仕掛けをつくる

何かを成し遂げるには、始めることと、続けることが不可欠です。

ただ、始めることはモチベーションが原動力になっても、続けることは難しいといえます。

続かない理由の一つは「時間不足」です。時間がないことを理由に、ついやめてしまうからです。これを防ぐには、前章で紹介したようにGoogleカレンダーなどを使ってあらかじめ時間を確保しておくことが大事です。

続かない理由のもう一つは、自分が立てた計画には強制力が働かないからです。

会社の仕事と違って、自分の計画には上司がいません。だから、やらなくても催促する人がいません。そのため、優先順位が下がり、ついやらずに済ませてしまうのです。

それを防ぐには、たとえば他人の力を使う方法があります。

何かをやるのに、あえて仲間を巻き込むのです。たとえばWebサイトをつくるというときなどは、プロジェクトチームをつくり、定期的に互いの進捗を報告し合う定例の報告会などを設けます。仮に報告する相手がたった一人だったとしても、一定の強制力はあるものです。

経営者の中にも、この方法を使う人がいます。彼らもステークホルダーが少ないうちは、年度計画などを立てても人から急かされたり、責任を問われたりすることがありません。だから、ついやらずに済ませてしまいがちです。それがわかっているから経営者同士で定期的に集まって、定例の報告会を行い、相互に報告をしています。

コーチをつけるという方法もあります。

コーチは、週一回など、決めた日時に電話などで質問をしてくれるプロフェッショナルのことです。彼らを雇って定期的に進捗を確認してもらうようにするのです。

いずれも、強制力はありません。でも、自分で「やる」と言ったことを、やらずに済ますことはなかなか勇気がいります。自分との約束すら守れない弱い人間であることを誰かに知られてしまうことは辛いことなのです。その習性を利用して、続ける原動力にするわけです。

もう一つ、続かない原因は、決めたことを忘れてしまうことです。

いつの間にかウヤムヤになってしまうのです。それを防ぐ手軽な方法としては、スマホアプリのリマインダーなどを活用する方法があります。

たとえば、オンラインショップを立ち上げるというプロジェクトがあるとします。その細かい段取りをつくります。企画を立てる、企画書をつくる、協力者を集める、資金を集める、制作を依頼する、ホームページをつくる、商品を仕入れる、告知を始める、という具合です。こうしたやるべきこと一つひとつに期日を入れ、それぞれリマンダーを設定します。そして、期日が来たらリマインダーから通知が来るという仕掛けです。上司の代わりに、アプリに催促してもらうわけです。

私の場合、年単位、月単位、週単位で決めておき、実施時間になったら、通知が来るようにしています。いつの間にか300以上のルーティンが設定されています。

定例の会議や報告会、連載原稿の執筆や入稿、決算や納税などはもちろん、旅行の計画を立てるとか、来年の目標を決める、床屋に行く、年賀状を書くなど、重要なものから大して重要でないものまで、公私にわたって決めてあります。、通知はアップルウォッチにも来るので忘れることはありません。こうすることで、忘れてしまうことが原因で続かないことを回避できます。

人間の記憶もやる気もあてにならないものです。根性で続けようとしないことです。ここは性悪説で自分を信じすぎないことです。大事なことは、むしろ続けざるを得ないようにあらかじめ仕掛けをつくるなどして準備しておくことなのです。

［巻末コラム］

個人事業主の実務マニュアル

ここまで読んだあなたは
稼ぐ力への気づきを得られたことでしょう。
ぜひその意識を行動へ繋げてほしいと思います。
このコラムでは個人事業主のための手続き、
確定申告や青色申告などの実践ポイントをお話しします。

① 個人事業主のメリット

個人事業主のメリットは、なんといっても自分の裁量で働けるという点です。また、起業よりもハードルが低く、少ない資金で始められることも魅力です。ここでは、個人事業主のメリットを詳しくご説明します。

働く時間・場所が自由

サラリーマンですと毎日決まった時間に出社し、決められた時間まで仕事しなければなりません。最近では働き方改革により残業が厳しく管理されている会社もあるでしょう。仕事が立て込んでいるのに「早く帰れ」と言われることもあるかもしれません。

一方で個人事業主の場合、定時というものはないので、毎日自分の好きな時間に自分のペースで働くことができます。顧客の都合に間に合えばいつ仕事をしてもよいですから、自分のパフォーマンスが最も高まる時間に働くことができます。

また、休みも自分の裁量で取ることができます。本文中では「起業家に代休はない」と書きましたが、裏を返すと「いつでも自分の裁量で休める」ということです。

また、個人事業主は働く場所も自由です。今はコロナの影響でテレワークが普及したことにより、サラリーマンも自宅での勤務が可能になりました。

ですが、個人事業主の場合はもっと自由に働く場所を選択できます。自宅で作業するのもいいですし、コワーキングスペースやシェアオフィスで作業するのもいいでしょう。たまには気分転換にカフェで仕事……と、サラリーマン時代には叶わなかった働き方も可能です。

好きな人と働ける（人間関係のストレスが軽減される）

サラリーマンですと、社内の人間関係は選べません。上司も部下も同僚も選べませんので、どうしても合わない人がいるでしょう。一緒に仕事をする上で避けられないのが辛いところです。

「嫌だったら転職すればいい」と思われるかもしれませんが、どんなに転職を重ねても、転職先でまた嫌な人がいる……といった話は枚挙にいとまがありません。煩わしい人間関係からは逃れられないのがサラリーマンの宿命といえるでしょう。

個人事業主の場合でも顧客や発注先とのやりとりはあるので、人間関係は避けられません。けれども「この人嫌だな」「この人とはコミュニケーションが取りづらいな」と思ったら次からは別の人と仕事をすることは十分可能です。

サラリーマンのように、避けられない人間関係に煩わされることはありません。サラリーマン時代よりも人間関係のストレスは軽減されるといえるでしょう。

収入は青天井

個人事業主の場合、自分の実力次第でどこまでも収入を伸ばしていけます。仕事の成果がダイレクトに反映されますので、頑張れば頑張るほど収入は伸びます。

サラリーマンですといくら頑張っても収入には結びつきづらいものです。どんなに実力がある人でも給料は決められています。インセンティブなどの制度はあるにせよ、大きく上を目指すには限界があるでしょう。

私もサラリーマン時代は、ボーナス時期になると「あんなに成績上げたのに、これだけしかもらえなかった……」という話をよく聞きました。

また、個人事業主ですと、コストパフォーマンスを高めれば、働く時間は短いのに収入はサラリーマン時代よりも多い、ということも十分目指すことができます。

雇われなくても稼げる（食いっぱぐれないスキルが身につく）

サラリーマンの経験しかないと、どうしても「収入は雇われないと得られないものだ」と考えがちです。ですが第5章でも述べたとおり、収入は給与だけではありません。雇われなくても収入を得ることは可能なのです。

雇われずに稼ぐためには「専門性」と「信用」が大切です。

「専門性」というと、資格がないとだめなのか、と考えてしまいますが、そうではありません。本文でも述べましたが、資格を取っただけで食べていく力が身につくわけではありません。食べていくための実務能力、儲け方が身につき、その上で箔をつけるために資格を取ることをおすすめします。

一方で、専門性が低い仕事は誰でもできるので単価も安く、競争も激しいと一般的には言われています。ですが専門性はやっていくうちに身につくものだと考えた方が行動に移しやすいと思います。

また、「連絡がつかない」「納期を守らない」など信用できない人とは仕事したいと思いません。誠実な対応を心がけることが大切です。

自分の力で収入を生み出す能力を身につけられれば、この先の不確実な時代、何があっても乗り越えていけるでしょう。たとえ会社から戦力外通告を受けても、不景気で職を失っても、怖いものはありません。一生食いっぱぐれることはないでしょう。

税金面で有利

開業届を出した個人事業主は、税法上のメリットを受けられます。

税法上の一番のメリットは、経費の計上を行い課税される所得を減らすことで、節税を行うことができるという点です。もちろん全部が全部経費にできるわけではありませんが、それでもサラリーマンよりはだいぶ計上できる範囲が広いです。

ほかにも、青色申告の提出により最大65万円の特別控除を受けられたり、赤字を3年間繰り越せたり、青色事業専従者給与を利用することにより家族の給与を経費に計上できる、という税法上のメリットもあります。青色申告については後ほど「③個人事業主と青色申告」の項目で詳しくご説明します。

② 個人事業主の手続き

1. 税務署へ開業届を提出

個人事業主になるには「個人事業の開業・廃業等届出書」を提出することが必要です。個人事業主としてではなくフリーランスとして働く場合は、開業届を出さないこともありますが、提出することで青色申告の恩恵を受けられるなどのメリットがあるので、出しておくことをおすすめします。

【入手先】

国税庁のWEBサイトからダウンロード可。もしくは最寄りの税務署の窓口で入手可

	個人事業の開業・廃業等届出書	所得税青色申告承認申請書	事業開始等申告書
入手先	国税庁のWEBサイトからダウンロード可。もしくは最寄りの税務署の窓口で入手可。	国税庁の「[手続名]所得税の青色申告承認申請手続」からダウンロード可。もしくは最寄りの税務署で入手可。	各都道府県のホームページからダウンロード可(「事業開始申告書+各都道府県」で検索)。もしくは各都道府県税事務所の窓口で入手可。
提出期限	事業を始めた1カ月以内に税務署へ提出(提出を忘れた場合でも罰則はなし)。	◎1月1日〜1月15日に開業した場合→その年の**3月15日まで**に提出。◎1月16日以後、新たに事業を開始した場合→その事業開始等の日(非居住者の場合には事業を国内において開始した日)から**2カ月以内。**◎白色申告から青色申告に変更する場合(すでに開業している場合)→青色申告書による申告をしようとする年の**3月15日まで。**	各都道府県によって異なる。
提出書類	●マイナンバー(個人番号)を確認できる書類。 ●マイナンバーカードを持っていない人は、免許証などの本人確認書類の写しとともに、以下の書類のいずれかを提示すること。◎マイナンバー通知カードの写し◎マイナンバーの記載がある住民票の写し◎マイナンバーの記載がある住民票記載事項証明書	本人確認書類は不要。	都道府県によってはマイナンバーが必要になる場合がある。
提出方法	持参または郵送。	持参又は郵送により提出。e-Tax(国税電子申告・納税システム)により電子申請することも可。	持参または郵送。
提出先	税務署(納税地【事業所】を所轄する税務署)。	納税地を所轄する税務署。	都道府県税事務所(地域によっては、都道府県税事務所だけでなく区市役所にも提出)。
いくらかかるか?	手数料は不要。	手数料は不要。	手数料は不要。

【提出期限】事業を始めた1カ月以内に税務署へ提出（提出を忘れた場合でも罰則はなし）

【提出書類】

●マイナンバー（個人番号）を確認できる書類

●マイナンバーカードを持っていない人は、免許証などの本人確認書類の写しとともに、次の書類のいずれかを提示することが必要となります。

・マイナンバー通知カードの写し

・マイナンバーの記載がある住民票の写し

・マイナンバーの記載がある住民票記載事項証明書

※郵送の場合はコピーを提出。

【提出方法】持参または郵送（開業届（2部）とマイナンバー確認書類のコピーとともに、切手を貼った返信用封筒を同封して税務署宛に郵送）

【提出先】税務署（納税地（事業所）を所轄する税務署）

【いくらかかるか?】手数料は不要

2. 所得税青色申告承認申請書

開業届を出し、青色申告の税制上のメリットを受けたい場合は「所得税青色申告承認申請書」を出しましょう。

開業届と提出先が同じなので、一緒に提出しておくとよいでしょう。

青色申告については、「③個人事業主と青色申告」にて詳しく説明します。

【入手先】

国税庁の「[手続名]所得税の青色申告承認申請手続」からダウンロード可。もしくは最寄りの税務署で入手可

【提出期限】

・1月1日~1月15日に開業した場合

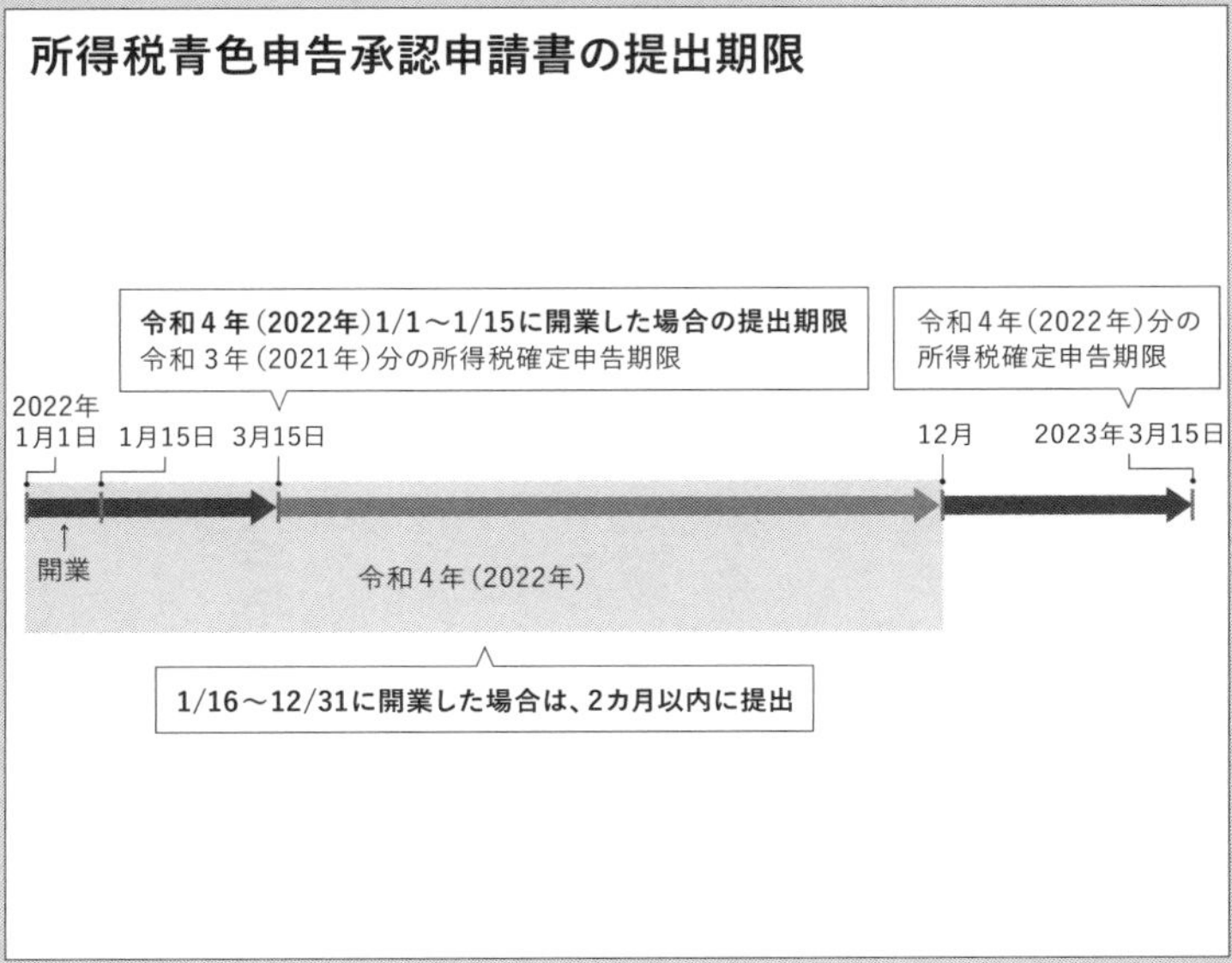

↓その年の3月15日までに提出。

例：２０２２年１月１日～２０２２年１月15日に開業↓２０２２年3月15日までに提出

・1月16日以後、新たに事業を開始した場合

↓その事業開始等の日（非居住者の場合には事業を国内において開始した日）から2カ月以内。

例：２０２２年１月16日以降開業

↓2カ月以内に提出

・白色申告から青色申告に変更する場合（すでに開業している場合）

↓青色申告書による申告をしようと

する年の3月15日まで。

例：2022年分を青色申告にしたい→2022年3月15日までに提出

なお、提出期限が土・日曜日・祝日等に当たる場合は、これらの日の翌日が期限となります。

【提出書類】本人確認書類は不要

【提出方法】持参又は郵送により提出。e－Tax（国税電子申告・納税システム）により電子申請することも可

【提出先】納税地を所轄する税務署

【いくらかかるか?】手数料は不要

3. 都道府県へ事業開始等申告書を提出

事業開始等申告書とは、都道府県税事務所に個人事業の開業を申告する書類です。各都道府県によって提出先や提出期限などに違いがあるので、提出する際は各都道府県のホームページで確認しましょう。

「税務署に開業届を出したのに、都道府県税事務所にも届けを出さないといけないの?」と思われるかもしれません。税務署と都道府県税事務所の両方に届出を出す理由には、税法上の違いがあります。開業届は国税である所得税に対して届け出るものです。

それに対して、個人事業主には、地方税である個人事業税も課税されます。個人事業税の課税主体は都道府県なので、開業届とは別に都道府県税事務所への届出が必要になるのです。

【入手先】各都道府県のホームページからダウンロード可（「事業開始申告書＋各都道府

県」で検索)。もしくは各都道府県税事務所の窓口で入手可

【提出期限】

各都道府県によって異なります。たとえば東京都や埼玉県は事業の開始日から15日以内、福岡県では1カ月以内となっています。

詳しくは「事業開始等申告書　提出期限　各都道府県」で検索し、各都道府県のホームページで確認するのがよいでしょう。

なお、提出期限を過ぎても罰則はありません。

提出しなかった場合どうなるかというと、確定申告をすることで各都道府県税事務所は事業の存在を把握し、事業主へ納税通知書を送ります。納税通知書が届いたら個人事業税を納めましょう。

【提出書類】 都道府県によってはマイナンバーが必要になる場合があります。詳しくは各都道府県のホームページにて確認しましょう(「事業開始等申告書　都道府県名」で検索)。

【提出方法】 持参または郵送により提出

【提出先】都道府県税事務所（地域によっては、都道府県税事務所だけでなく区市役所にも提出）

【いくらかかるか？】手数料は不要

3 個人事業主と青色申告

個人事業主として開業したら、避けて通れないのが確定申告です。サラリーマンですと、所得税や住民税は給与から天引きされ自動的に納めてもらえるので、確定申告をしたことがない人も多いと思います。

個人事業主の確定申告には2種類あり、「青色申告」と「白色申告」があります。

青色申告では税制上、様々なメリットが受けられるので、個人事業主になるうえで青色申告を申請しておくことをおすすめします。

ここでは青色申告の基礎知識を見ていきましょう。

個人事業主の確定申告

青色申告について説明する前に、まずは確定申告の基礎知識を身につけましょう。

個人事業主の確定申告とは、1月1日〜12月31日までの所得（売上から経費を引いた金額）に対する所得税を、翌年の2月16日〜3月15日に納めることです。

・個人事業主で確定申告が必要な人

基本的に個人事業主は全員確定申告をしなければなりません。ですが、中には確定申告が必要ない人もいます。1月1日〜12月31日までの所得が48万円以下の場合は確定申告が不要です。所得税の基礎控除が最大で48万円なので、所得が48万円以下ですと、課税所得は0円になるので確定申告が不要になるのです。

ただし確定申告が不要な人でも、申告をすることで3年分の赤字を繰り越せたり、貸倒引当金を経費に計上できるなどのメリットがありますので、確定申告しておくことをおすすめします。

・いつ、どこで確定申告するのか

2月16日〜3月15日の間に、税務署に確定申告書を提出します。

なお、確定申告の「青色申告」と「白色申告」の2種類について、次からそれぞれ詳しく解説します。

青色申告とは?

青色申告とは、確定申告の一種です。事業所得の人(つまり個人事業主)は青色申告の対象となります。ほかにも、山林所得や不動産所得がある人は青色申告の対象となっています。

青色申告の対象になると、税制上、次のようなメリットがあります。

〈メリット〉

①青色申告特別控除（10万円、55万円、65万円）が利用できる

青色申告をする一番のメリットは、青色申告特別控除を利用できることです。利用すると、所得から最大で65万円の控除を受けることができますので、節税効果があります。控除額には10万円、55万円、65万円の3段階あり、それぞれ条件があります。条件は次ページの表をご覧ください。

②青色事業専従者給与を経費に計上できる

青色事業専従者とは、一言でいうと、青色申告を申請している個人事業主と一緒に働く家族や親族のことです。

個人事業主が従業員に給与を支払う場合、通常は経費として認められません。ですが、青色申告者が家族や親族に給与を支払う場合、下記の条件を満たすと経費として認められます。

55万円の青色申告特別控除を受けるための条件	(a)不動産所得又は事業所得を生ずべき事業を営んでいること。 (b)複式簿記により記帳していること。 (c)(b)に基づいて作成した貸借対照表及び損益計算書を確定申告書に添付し、この控除の適用を受ける金額を記載して、法定申告期限内に提出すること。 〈注意点〉◎現金主義によることを選択している人は、55万円の青色申告特別控除を受けることはできません。◎不動産所得の金額又は事業所得の金額の合計額が55万円より少ない場合には、その合計額が限度になります。ただし、この合計額とは損益通算前の黒字の所得金額の合計額をいいますので、いずれかの所得に損失が生じている場合には、その損失をないものとして合計額を計算します。◎不動産所得の金額、事業所得の金額から順次控除します。
65万円の青色申告特別控除を受けるための条件	(a)上記「55万円の青色申告特別控除を受けるための条件」に該当していること (b)次のいずれかに該当していること ◎その年分の事業に係る仕訳帳及び総勘定元帳について、電子帳簿保存(下記《参考》参照)を行っていること(※)。 ◎その年分の所得税の確定申告書、貸借対照表及び損益計算書等の提出を、確定申告書の提出期限までにe-Tax(国税電子申告・納税システム)を使用して行うこと。 (※)令和4年分以後の青色申告特別控除(65万円)の適用を受けるためには、その年分の事業における仕訳帳及び総勘定元帳について優良な電子帳簿の要件を満たして電子データによる備付け及び保存を行い、一定の事項を記載した届出書を提出する必要があります。 なお、既に電子帳簿保存の要件を満たして青色申告特別控除(65万円)の適用を受けていた方が、令和4年分以後も引き続き当該要件を満たしている場合には、一定の事項を記載した届出書を提出する必要はありません。 《参考》納税者の方の事務負担やコストの軽減などを図るため、各税法で保存が義務付けられている帳簿書類については、一定の要件の下で、コンピュータ作成の帳簿書類を紙に出力することなく、ハードディスクなどに記録した電子データのままで保存できる制度があります。なお、令和4年1月1日から、帳簿書類を電子データのままで保存する場合に必要な税務署長の事前承認が不要となります。詳しくは、国税庁ホームページ(ホーム)>法令等>その他法令解釈に関する情報>電子帳簿保存法関係をご覧ください。
10万円の青色申告特別控除を受けるための条件	この控除は、上記55万円・65万円の要件に該当しない青色申告者が受けられます。 ＜注意点＞◎不動産所得の金額、事業所得の金額又は山林所得の金額の合計額が10万円より少ない場合には、その金額が限度になります。ただし、この合計額とは損益通算前の黒字の所得金額の合計額をいいますので、いずれかの所得に損失が生じている場合には、その損失をないものとして合計額を計算します。◎不動産所得の金額、事業所得の金額、山林所得の金額から順次控除します。

参考：国税庁HPより著者作成

●青色事業専従者の条件

次の項目のすべてを満たす人。

・青色申告者と生計を一にする配偶者その他の親族であること。
・12月31日現在で年齢が15歳以上であること。
・青色申告者の営む事業に6カ月を超える期間働いていること（専従していること）。

●青色事業専従者給与として認められる条件

・右記、青色事業専従者に支払われた給与であること。
・「青色事業専従者給与に関する届出書」を提出していること。
・届出書に記載されている方法により支払われ、かつ記載されている金額の範囲内で支払われていること。
・労務の対価として相当であると認められる金額であること。なお、過大とされる部分は経費とはなりません。

●青色事業専従者給与の控除を受けるための手続き方法

「青色事業専従者給与に関する届出書」を税務署に提出します。

期限は3月15日です。なお、1月16日以降に事業を始めたときや、新たに青色事業専従者になった人がいるときは、そのときから2カ月以内に届け出をします。

③貸倒引当金の計上

事業を始めると、先に商品やサービスを納品し、あとから入金されることがあります。いわゆる「カケ」や「ツケ」といったものです。これを「売掛金」と言います。

後日、何事もなく入金してくれれば問題はないのですが、もし取引先が倒産した場合、売掛金は入金されません。個人事業主の場合、売上金が入ってこなければ生活に直接影響を受けてしまいます。貸倒引当金とは、このような事態に備えて準備しておくお金のことです。青色申告をすると、この貸倒引当金を経費として計上することができます。

④赤字の繰り越し

事業を始めると、赤字になることもあるでしょう。特に事業を始めたばかりの頃は収入も安定しないものです。青色申告をすると、今年の赤字を翌年の黒字分と相殺できます。

たとえば昨年に100万円の損失があったとしましょう。今年300万の利益が出たとしたら、それと相殺し、今年は200万の利益とすることができます。その分支払う税

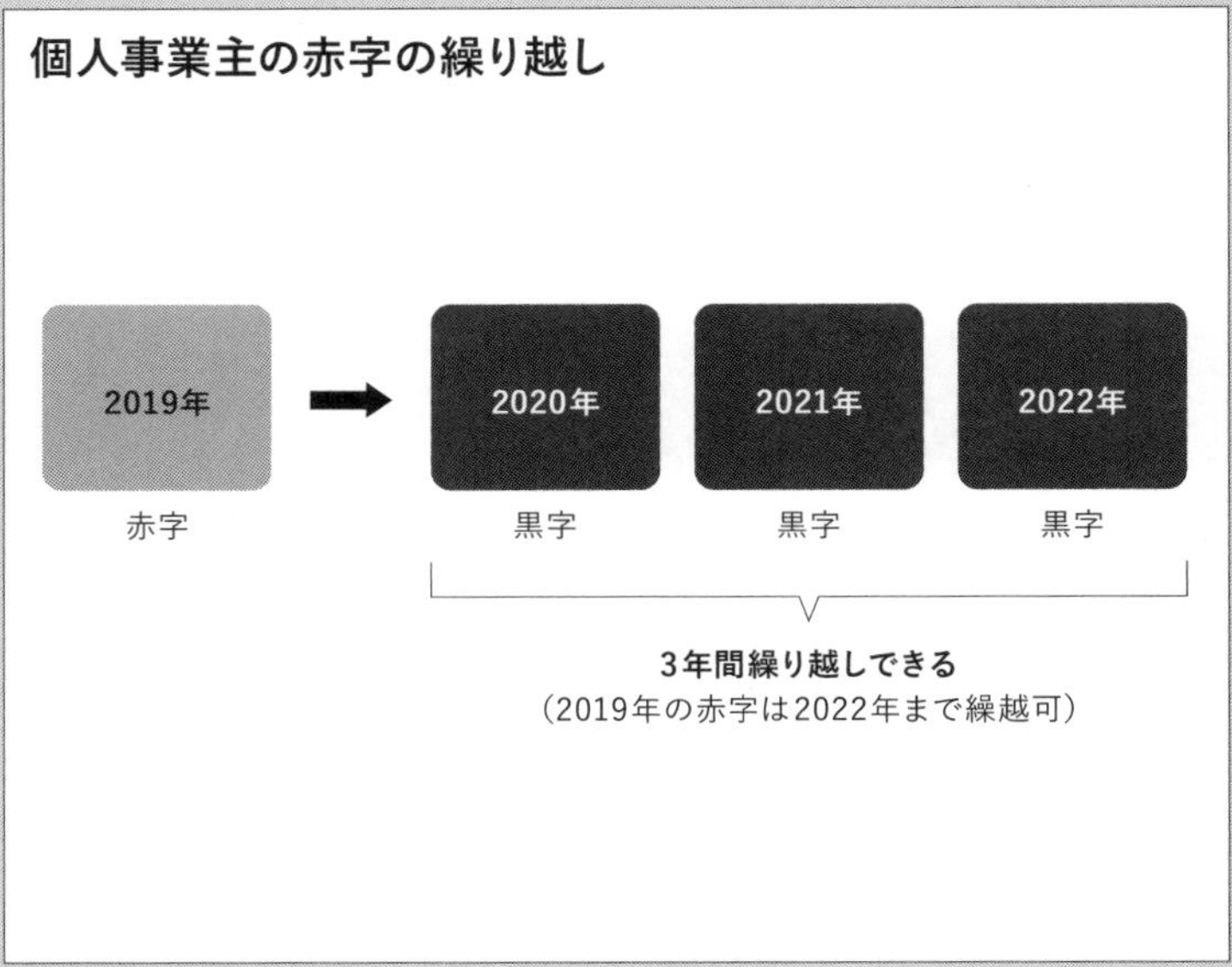

金も少なくなります。

また、3年間繰り越しができるので、たとえば2019年にマイナス100万の損失が出た場合は、2020年から2022年の間で赤字を繰り越しできます。

〈デメリット〉

青色申告のデメリットはなんといっても帳簿づけが複雑という点です。

複式簿記という方法で作成しなければならないため、主要簿（仕訳帳・総勘定元帳）と補助簿（現金出納帳・預金出納帳・売掛帳・買掛帳・経費帳・固定資産台帳）が必要にな

複式簿記の記入例

月	日	金額	借方科目	概要	貸方科目	金額
3	9	1 250 000	普通　預金	売掛金が入金された	売　掛　金	1 250 000
			ぶどう銀行		鈴木商店	
〃		1 840 000	売　掛　金	商品を販売（売掛）	売　上　高	1 840 000
			（株）福岡	にんじん		
〃		1 365 000	現　金	商品を販売（預金）	売　上　高	1 365 000
				ほうれん草		
〃		30 000	現　金	雑収入	雑　収　入	30 000

ります。

簿記の知識がないと難しいかもしれません。

白色申告とは？

確定申告の一種で、青色申告承認申請書を提出しない事業主は自動的に白色申告になります。

〈メリット〉

白色申告の最大のメリットは、帳簿付けが簡単なことです。青色申告と違って単式簿記という方法で記帳すればよいので、簿記の知識がなく

単式簿記の記入例

日付	科目	収入	支出	内容
4月13日	売上	10,000		A社に商品納品
4月14日	消耗品費		200	シャープペン購入
4月15日	交通費		300	A社打ち合わせ時交通費

ても簡単に記帳できます。

売上げなどの収入金額、仕入れや経費に関する事項について、取引の年月日、売上先・仕入先その他の相手方の名称、金額、日々の売上げ・仕入れ・経費の金額等を帳簿に記載します。

記帳は、一つひとつの取引ごとではなく日々の合計金額をまとめて記載するなど、簡易な方法で記載してもよいです。

〈デメリット〉

青色申告の恩恵が受けられません。つまり、青色申告特別控除・青色事業専従者給与を経費にできない・貸倒引当金を経費に計上できない・赤字を繰り越しできない、というデメリットがあります。

青色申告の申請方法

所轄の税務署に所得税青色申告承認申請書を提出します。詳しくは233ページを参照ください。

青色申告をすると、それぞれの税金はどうなる？

個人事業主に関わる税金は、所得税・住民税・個人事業税・消費税と、国民健康保険です。それぞれ青色申告とどのように関わっているのかをまとめました。

・所得税／住民税／国民健康保険…前年の所得に応じて算出されるので、所得控除と青色申告特別控除で課税所得を下げることにより節税できます。

・個人事業税…個人事業税は、所得が290万円を超えると課税されます。こちらは青色申告とは関係なく、青色申告特別控除は利用できません。事業主控除という特別な控除を適用することにより、節税が可能です。

・消費税…前々年の所得が1000万円を超えた場合などに課税されます。青色申告とは関係ないので、青色申告者になったとしても消費税には影響がありません。

おわりに

近年、「個人の時代」という言葉をよく耳にします。

たしかに、個人でできることは増えています。ビジネスの世界でも、少し前なら会社でなければできなかったようなことも、一人でできるようになっています。

実際に組織に属さず、一人で企業と同じような活躍をしている人も現れています。

たとえば、3Dプリンターやクラウドファンディング、オンラインショップなど駆使して、一人でメーカーとして活動している人がいます。オンデマンド印刷を使って、出版社を通さずに書籍を世に出している人もいます。YouTubeやTwitter、Instagramなどのソーシャルメディアを使って、マスコミを経由せずに作品や情報を発信し、影響力を発揮している人もいます。

こうした新しいテクノロジーやサービスをうまく使うことで、会社などの組織に頼らず、個人でビジネスを立ち上げ、育てる人が増えているのです。

「超・個人事業主」という言葉は、正にそういう人たちのためにあるような言葉です。

ただ、誤解してはならないことがあります。

それは「個人の時代」は、一人で仕事を完結させる時代ではないということです。人間が一人でできることは限られています。それに、何から何まで一人でやることは非効率です。仕事は、複数の人が強みを活かして分担して取り組んだほうが効率的なことが多いのです。

このことは、独立して一人で仕事をしてみればすぐにわかります。「好きなことに専念したい」と会社を飛び出す人は多いですが、それが間違いであることにすぐに気づかされます。辞めれば何から何まで自分でやることになるからです。

メーカーで研究者をしていた知人も、「やりたい研究に没頭したい」と会社を飛び出しました。でも、辞めたことで総務・経理・営業など、すべてを自分でやることになり、肝心の研究をする時間が捻出できなくなったと言っています。かといって人を雇えば、人事やマネジメントなどの仕事をやる必要があります。結局「サラリーマン時代のほうが、好きなことに没頭できた」と嘆いています。

1＋1が、3にも4にも、10にもできるのが、組織でありチームです。だから、成果を上げたいなら、会社組織に属さないまでも、チームで動くことが必要なのです。

ここで大事なことは、「自分が何でチームに貢献するか」です。

これを一人ひとりが見つけて、実際に力を発揮する必要があります。チームという神輿の一角を自分も支えるのです。それができなければ、居場所はもらえません。まして神輿にぶら下がるような人は、ただちに追い出されます。当たり前のことですが、これまでは大きな組織ほどそういう人が許されてきました。それだけ余裕があったのだと思います。

でも、「個人の時代」にはそれは許されません。そう考えると「個人の時代」は、むしろ厳しい時代といえます。「自分がどのように会社や仲間、社会に貢献すべきか」をしっかり見極め、継続的に力を発揮して、存在意義を示していかねばならないからです。

自分の存在意義を見つけるとき、ヒントになるのが「稼ぐ力」です。

組織であれ、チームであれ、ビジネスで目的を達成するには、稼ぐことが不可欠だからです。自分がやりたいこと、得意なことで組織や仲間に稼ぎをもたらすことができれば、あなたは仲間にとってかけがえのない存在になれるはずです。

だから「自分はどうやって仲間の稼ぎに貢献できるのか」を、いつも考えることです。それを見つけて、形にしていくことです。それが「超・個人事業主」として活躍する道を拓くことになるはずです。

最後に、これから超・個人事業主を目指す方や、すでに超・個人事業主として活躍されている方にお知らせです。

このたび、超・個人事業主としてさらに活躍するために、そして今と未来をもっと楽しむために、ともに学び、成長する仲間が集うコミュニティーを発足したいと考えています。20年間にわたり2万人を超えるビジネスパーソンの独立・起業、キャリア設計を指導してきた「週末起業実践会」のノウハウをベースにしながら、より広い分野について考え、実践していくプロジェクトにしたいと思っています。

豊かで充実した人生を送るには、仕事やお金はもちろん、健康、趣味、家族、人間関係など幅広い側面を充実させることが必要です。そのため活動のテーマも「稼ぎ力」にとど

【著者略歴】

藤井孝一（ふじい・こういち）

経営コンサルタント（中小企業診断士）、株式会社アンテレクト取締役会長。

大手金融会社で営業・マーケティングを担当。その間、中小企業と起業家の活動をサポートする経営コンサルタントとしても活動、3年間の二足のわらじ生活を経て、独立する。

特に、かつて「副業」とひとくくりにされてきた「在職中から、お金をかけず、低リスクで始める起業スタイル」を「週末起業」と名付け、その普及に東奔西走。「起業したいが、リスクが怖い」と考えるビジネスパーソンたちから支持される。この活動を加速させる目的で2003年「週末起業実践会」（当時は「週末起業フォーラム」）を創設。2万人を超えるビジネスパーソンに起業を指導し、多くの起業家を生み出す。

著書に『週末起業』（筑摩書房）のほか60冊以上。うち、多くが中国・台湾・韓国でも刊行されている。夢は「日本を起業家で溢れる国にすること」。1966年生まれ。慶應義塾大学文学部卒業。

超《ちょう》・個人《こじん》事業主《じぎょうぬし》

2021年12月 1日　初版発行

発行　**株式会社クロスメディア・パブリッシング**

発行者　小早川 幸一郎
〒151-0051　東京都渋谷区千駄ヶ谷4-20-3 東栄神宮外苑ビル
https://www.cm-publishing.co.jp
■本の内容に関するお問い合わせ先 …… TEL (03)5413-3140 ／ FAX (03)5413-3141

発売　**株式会社インプレス**

〒101-0051　東京都千代田区神田神保町一丁目105番地
■乱丁本・落丁本などのお問い合わせ先 …… TEL (03)6837-5016 ／ FAX (03)6837-5023
service@impress.co.jp
（受付時間　10:00～12:00、13:00～17:00　土日・祝日を除く）
※古書店で購入されたものについてはお取り替えできません

■書店／販売店のご注文窓口
株式会社インプレス　受注センター …… TEL (048)449-8040 ／ FAX (048)449-8041
株式会社インプレス　出版営業部 …… TEL (03)6837-4635

ブックデザイン　cmD
DTP　内山瑠希乃

印刷・製本　中央精版印刷株式会社
図版作成　長田周平
ISBN 978-4-295-40629-7 C0034